소중한 마음을 가득 담아서

_____ 님께 드립니다.

나는 SINGLE
독
신
이
다

이봉호 지음

STiCK

어쩌다 보니 혼자 사는 인물들

나는 독신이다

초판 1쇄 인쇄 2015년 9월 14일
초판 1쇄 발행 2015년 9월 21일
지은이 이봉호

발행인 임영묵 | **발행처** 스틱(STICKPUB) | **출판등록** 2014년 2월 17일 제2014-000196호
주소 411-863 경기도 고양시 일산서구 일중로 17, 201-3호 (일산동, 포오스프라자)
전화 070-4200-5668 | **팩스** (031) 8038-4587 | **이메일** stickbond@naver.com
ISBN 979-11-952335-2-6   03300

[원고투고] stickbond@naver.com
출간 아이디어 및 집필원고를 보내주시면 정성스럽게 검토 후 연락드립니다.
저자소개¹, 제목², 출간의도³, 핵심내용 및 특징⁴, 목차⁵, 원고샘플(또는 전체원고)⁶, 연락처⁷ 등을 이메일로 보내주세요.
문은 언제나 열려 있습니다. 주저하지 말고 힘차게 들어오세요. 출간의 길도 활짝 열립니다.

[모니터링] 도서 모니터링 요원을 수시로 모십니다. '[모니터링 신청]' 제목만 적어 이메일을 보내주시면 접수 완료됩니다.
도서관심분야¹, 신청이유², 나이³, 성별⁴, 직업⁵, 취미⁶, 연락처⁷ 등을 함께 보내주시면 선정 시 많은 도움이 됩니다.

외롭고 웃긴 크리스마스

여기는 홍대의 음악카페. 천장에 매달린 큼직한 스피커에서는 데이비드 보위(David Bowie)의 노래 〈스타 맨(Star Man)〉이 흑맥주 거품처럼 느릿하게 흘러나온다. 오늘따라 기네스 맥주의 향이 쌉싸름하다. 두 시간 전만 해도 송년회 자리에서 보릿자루처럼 처박혀 있었다. 사교육 문제, 가족타령, 말 많은 어린이집이 어쩌고저쩌고. 그래 맞아. 잘은 몰라도 뭐 그럴 수도 있겠네. 끄덕끄덕…. 동료가 술자리에서 던지는 말들은 나와는 한참이나 동떨어진 세계의 얘기다.

덩그러니 구석에 처박혀 90분을 버텼다. 이제는 헤어져야 할 시간. 나는 사람들의 눈치를 살피며 슬그머니 술자리에서 벗어난다. 집에 가봐야 나를 반기는 것은 칙칙한 어둠뿐이다. '이봐 당신, 여기가 도대체 어디지?'

'글쎄요, 잘 모르겠습니다.' 생각 없이 걷다 보니 자주 들르던 홍대의 음악 바 앞이었다. 혼자 술집에 들어가기가 내키지 않지만, 어쩔 수 없다. 일주일 후면 쓸쓸한 크리스마스를 맞아야 하기 때문일지도 모르겠다.

음악카페가 위치한 2층 계단을 오른다. 어쩌다 보니 작년부터 이 카페의 단골이 되었다. 내가 좋아하는 카페는 혼자 방문해도 눈치를 주지 않는 주인이 버티고 있는 곳이다. 나처럼 주인이 솔로라면 금상첨화이고. 카페에는 계산대에 혼자 앉아 있는 여인과 창가 쪽에 자리 잡은 남녀일행이 자리를 지키고 있었다. 2012년 겨울이었다.

독신자들의 전성시대

21세기는 독신자들의 시대다. 프랑스의 경우, 2006년 이후 독신자 수가 1천만 명을 돌파했다. 현재 프랑스 파리는 독신가구의 비율이 무려 50%에 달한다. 독일이라고 해서 사정은 크게 다르지 않다.

스테판 라딜(Stefan Hradil)은 독일 연방 총리실의 위탁을 받아 1995년에 출간한 『독신자 사회(Die Single-Gesellschaft)』에서 독일 가구의 35퍼센트를 1인가구, 독일 인구의 약 16퍼센트를 독신자로 보았다. 독일은 스칸디나비아 국가들 다음으로 독신자들의 수가 많은 나라다. 현재 독일의 독신가구 비율은 40%를 기록 중이다. 스웨덴은 독신가구 비율이 무려 47%에 달한다.

한국의 '독신열풍' 또한 유럽국가에 뒤지지 않는다. 2015년 1월 31일자 경향신문에 의하면, 한국은 불과 30년 전인 1980년 4.8%였던 1인가구의 비율이 2015년 27.1%를 기록했다고 보도했다. 이는 전체 가구유형 중 가장 높은 비율이다. 통계청은 1인가구 비율이 2025년 31.3%, 2035년에는 34.3%를 점유할 것으로 예상했다. 이러한 독신열풍의 배경에는 결혼을 필수가 아닌 선택으로 받아들이는 독신자들의 가치관 변화가 주요인이다. 또한, 장기적인 경기침체의 여파로 남녀를 불문하고 결혼에 대한 필요성 자체가 급감하는 사회구조가 원인이다.

구분 짓기의 문화심리학

독신자는 독신생활 자체를 생의 기준이자 가치관으로 삼는 독신주의자와는 다르다. 여기서 말하는 독신자는 '자발적 독신자'인 독신주의자 및 '비자발적 독신자'를 모두 포함한다. 독신자들은 미래에 가정을 가질 수도 있으며, 그렇지 않을 수도 있다. 독신자란 결혼생활을 이미 경험한 자들까지도 포함하는 포괄적 의미의 1인가구인 셈이다.

하지만 아직도 독신자들을 색안경을 끼고 바라보는 시각이 한국사회 곳곳에 이끼처럼 남아 있다. 이는 결혼 가구만을 주류로 인정하려 드는 일종의 '구분 짓기' 현상이다. 밤과 낮, 흑인과 백인, 여와 남, 동양과 서양, 독신과 결혼 등 이분법적 사고에서 파생된 구분 짓기 현상은 사회를 병들게 하는 원흉이자 화약고다.

소수문화에 대한 무관심은 세대 간 소통의 장벽을 더욱 견고하게 만드는 일종의 독초다. 독신문화 역시 우리가 일상으로 받아들여야 하는 자연스러운 사회현상이다. 가정이 있는 이들 또한 미래의 독신자들이다. 현재의 독신자들은 이미 가정생활을 경험했을 수도 있고, 미래에 가정을 가진 이들로 화(化)할 가능성도 있다. 원하든, 원치 않든 간에 독신문화는 모든 한국인이 경험하거나 감수해야 하는 일종의 통과의례가 되었다.

그렇다면 우리는 어떻게 독신자를 말할 수 있을까. 독신자를 시간의 관점에서 말할 수 있다고 본다. 그들은 상대적으로 자신에게 집중할 시간적인 기회가 많다. 또한, 독신자들이 반드시 넘어야만 하는 외로움이라는 장애물은 그들이 활용하기에 따라서 창조적인 결과물을 낳을 수도 있다. 이러한 결과물을 우리는 '문화'라고 표현한다.

내가 사랑한 독신자들

이 책에서는 한국을 포함하여 세계적으로 주목할 만한 흔적을 남긴 독신자들을 선별해 보았다. 가독성을 높이기 위해 실존인물은 물론 우리가 일상에서 접하는 대중문화, 즉 영화, 소설, 만화, 신화에 독신자로 등장하는 인물까지 폭넓게 다뤄보았다.

　프랑스 학자 장 보드리야르는 현대인은 실재와 만들어진 현실을 구분할 수 없는 '기호의 시대'에 살고 있다고 말했다. 따라서 독신자들 또한 실존인물이거나 가상의 인물이라는 구분 자체가 중요한 의미를 지니지 않는다는 생각으로 인물들을 선정했음을 서두에 밝힌다.

　책에 등장하는 인물들이 공통으로 가지고 있는 소프트파워를 확인하는 데에 글쓰기의 무게를 두었다. 독신자들이 이루어낸 괄목할 만한 문화적 성취가 독신이라는 삶이 전제되어야 하는 부분인지, 아니면 선택의 문제인지에 대한 고찰의 과정도 함께 다루어보았다.

　일본의 실존철학자인 미키 기요시는 자신의 습관을 자유롭게 통제할 수 있는 사람만이 인생에서 많은 일을 할 수 있다고 말했다. 습관을 통제한다는 의미는 사회가 만든 관습의 틀을 자유롭게 드나들 수 있는 용기와 능력을 겸비하고 있다는 것이다. 결국, 용기와 능력을 갖춘 자만이 문화를 창조한다. 문화란 변화 속에서 태어나며, 자신에게 집중할 수 있는 자만이 변화를 잉태한다. 또한, 변화는 사회라는 장벽과 충돌할 수밖에 없는 운명이며, 이를 뛰어넘는 변화만이 문화라는 형태로 살아남는다. 그 문화를 만들고 유지하는 주역은 누구일까. 정답은 바로 독신자들이다.

글을 완성하는데 도움을 준 수많은 책, 내가 사랑하는 세상의 독신자들 그리고 그들이 남겨 놓은 빛나는 발자취들, 마지막으로 이 책에 등장하는 '만들어진 독신자들'에게 감사의 마음을 전한다.

문화중독자 이봉호

차례

2장 한국의 독신자들

3장 만들어진 독신자들

현명한 사람이란, 계속 아내를 맞겠다고 생각하면
서 결코 누구와도 결혼하지 않는 청년을 말한다.

_피에트로 아레티노

제1장

세계의 독신자들

SINGLES AROUND THE WORLD

루트비히 판 베토벤

소리를 삼킨 남자

문화심리학자
김정운이
말하고자
했던
것

　　오노레 드 발자크(소설가), 롤랑 바르트(비평가), 샤를 피에르 보들레르(시인), 조
르주 브라상(가수), 요제프 안톤 브루크너(작곡가), 조지 고든 바이런(시인), 루이스 캐
럴(작가), 카미유 클로델(조각가), 카를 체르니(피아니스트), 르네 데카르트(철학자), 크
리스티앙 디오르(디자이너), 귀스타브 플로베르(작가), 폴 고갱(화가), 조지 거슈윈(작곡

가), 게오르크 프리드리히 헨델(작곡가), 프란츠 카프카(작가), 이마누엘 칸트(철학자), 프란츠 폰 리스트(피아니스트), 레오나르도 다 빈치(화가), 잭 런던(소설가), 모데스트 페트로비치 무소르크스키(작곡가), 아이작 뉴턴(수학자), 니콜로 파가니니(작곡가), 마스셀 프루스트(소설가), 장 니콜라 아르투르 랭보(시인), 에릭 사티(작곡가), 로베르트 알렉산더 슈만(작곡가).

소개한 역사적 인물들의 공통점은 무엇일까. 해답은 하나같이 독신의 삶을 살았던 인물이라는 것이다. 이들의 직업이었던 소설가, 시인, 가수, 비평가, 작곡가, 화가, 조각가, 디자이너, 철학자, 수학자, 연주자의 공통점은 무엇일까. 정답은 '창조'라는 결과물을 만들어내기 위한 과정을 반복해야 한다는 것이다.

문화심리학자 김정운은 저서 『에디톨로지』를 통해서 '창조는 편집이다.'라는 화두를 던진다. 그는 과거 해석학에서 발전한 통섭, 융합의 개념만으로는 창조를 이행하는데 한계가 있다고 주장한다. 다시 말해 인간의 구체적이며 주체적인 편집 행위인 에디톨로지를 통해서 21세기에 적합한 창조를 이룰 수 있다고 말한다.

결국, 창조란 기존에 있던 것들을 구성하고, 해체하고, 재구성한 것의 결과물이다. 세상의 모든 창조는 이미 존재하는 것들의 또 다른 편집이라는 의미다.

'베토벤 홀릭'

클래식 음악의 역사도 이와 같은 과정을 반복했다. 중학교 시절, 실제 음악감상은 접어놓고 바로크, 고전주의, 낭만주의, 민족주의, 근대음악 작곡가와 음악명을 머리가 터지게 외우고 또 외우던 기억들이 있을 것이다. 이게 바로 객관식 시험세대의 한계이자 문제점이다. 음악은 온데간데없고 찍기만이 능사라는 인생관을 주입한 장소가 학교라는 이데올로기의 공장이었다.

두 번째로 이해할 수 없었던 것은 왜 음악시간에 가요나 록이나 재즈음악은 단 1초도 배우지 못하고 클래식 음악만 주야장천 배워야 했는가다. 수업시간에 클래식 같은 고급문화만 가르쳐줘야 국가발전에 이득이 된다면 체육시간에도 골프나 테니스, 크리켓 정도는 가르쳐야 하지 않는가! 당시 음악은 수학 못지않게 인간수면제에 마취된 학생들이 병든 닭처럼 죽으라고 책상에 못질을 해대던 지루한 과목이었다.

내게는 변성기의 남학생들이 불협화음으로 외쳐대는, 닭살 돋는 가곡보다는 그룹 '산울림'이나 '사랑과 평화'의 음악이 더 폼 나고 신명 나는 음악이었다. 클래식이라는 음악은 수업시간에만 배우고 들어주는 먼 나라의 음악이었다.

클래식에 본격적으로 빠진 시기는 중학교 시절을 훌쩍 건너뛰어 대학 졸업반 무렵이 되어서다. 록, 포크, 블루스, 재즈음악에 파묻혀 살던 나는 1970년대 이탤리언 록음악을 듣던 중, 바로크 음악에 관심을 두게 되었다. 처음으로 구매했던 바로크 음반은 성음레코드사에서 발매했던 첼리스트 로스트로포비치의 보케리니 첼로 협주곡 LP였다.

무엇인가에 꽂히면 끝장을 봐야 직성이 풀리는 성질인지라 입사 이후 미친 듯이 바로크 계열의 음반을 사들였다. 나중에는 마이너 레이블에서 발매하는, 알려지지 않은 초기 바로크 음반까지 사들였다. 1990년대는 유튜브나 여타 인터넷 매체를 통해서 얼마든지 음악을 들을 수 있는 지금과는 너무나도 다른 환경이었다. 즐겨 듣는 음악만 고음악이 아니라, 음악을 접할 수 있는 채널까지도 아날로그적이었던 시절이었다.

바로크 음악에 슬슬 진력을 느낄 무렵, 고전파 음악이 조금씩 귀에 들어오기 시작했다. 요즘은 낭만파나 현대음악에 관심이 많지만, 당시만 해도 고전파 음악이 클래식 음악의 정점이라고 믿었던 시절이었다.

15년이라는 세월을 건너뛰어 다시 만난 악성 루트비히 판 베토벤. 나는 베토벤을 상징하는 9개의 교향곡(예나 지금이나 이 중에서 오스트리아의 명지휘자 칼 뵘이 지휘하는 전원교향곡을 제일 좋아한다.)과 후기 현악 4중주, 피아노 소나타, 첼로 소나타, 바이올린 협주곡, 피아노 협주곡을 특히 즐겨 들었다.

나의 '베토벤 홀릭'은 여기에서 그치지 않는다. 〈브릴리언트(Brilliant)〉라는 클래식 레이블에서 발매한, 100장짜리 베토벤 CD 전집을 구매하는 지경에 이르러서야 베토벤에 대한 열정은 어느 정도 평정심을 찾는다. 참고로 전집을 모조리 듣는데 무려 2개월의 시간이 소요되었다. 글을 쓰다가 베토벤 음반(CD)을 대충 세어 보니 200장이 훌쩍 넘어가더라.

천재인가,
노력파
음악가인가

　　　　　1770년 서부 독일 라인 강변의 본에서
3남 중 장남으로 태어난 베토벤은 음악가 집안에서 성장한다. 아버지 요
한은 궁정악단의 테너가수였으며, 할아버지는 네덜란드에서 건너온 궁정
악단의 단원이었다. 베토벤의 아버지는 그의 음악적 재능을 발견하고 혹
독한 연습을 시킨다. 모차르트의 아버지처럼 자식의 성공을 통해서 부를
얻기 위함이 목적이었다. 이러한 스파르타식 교육환경은 훗날 베토벤이
고전파 음악에서 탈피하여 새로운 음악장르를 창조하는데 결정적인 촉
매제가 되었다.

　　베토벤은 세상을 떠나는 날까지 독신으로 살았다. 그는 결혼이라
는 제도권에 진입하지는 않았지만 몇몇 여인들과 연인관계를 유지
했다. 20세기 프랑스 문학의 신비주의자로 불렸던 로맹 롤랑은 저서
『베토벤의 생애』를 통해 베토벤의 연인에 관한 이야기를 다음과 같이
전하고 있다.

　　1806년 5월, 베토벤은 테레제 폰 브룬스비크와 약혼한다. 베토벤은 그
녀 오빠와 친구 사이였다. 테레제 폰 브룬스비크는 베토벤이 처음으로 빈
에 와서 소녀이던 그녀의 피아노 개인교습을 하던 시절부터 베토벤을 흠
모했다. 그해에 완성한 제4교향곡은 베토벤이 정신적으로 가장 평온했던
때에 만들어진 교향곡이다.

베토벤의 행복은 오래가지 않았다. 지금까지 정확한 이유가 밝혀지지 않고 있지만, 세간에서는 베토벤의 궁핍한 경제상황과 신분의 차이가 두 연인이 결혼하지 못하게 된 원인이라고 측문된다. 1861년에 세상을 떠나는 베토벤의 연인 테레제 폰 브룬스비크는 마지막 순간까지 베토벤을 사랑했다고 한다.

그
남자가
원했던
세상

우리나라에 베토벤을 포함한 클래식 음악에 관한 관심이 고조된 것은 MBC 드라마 〈베토벤 바이러스〉를 통해서였다. 총 18부작으로 제작되어 2008년 가을을 멋지게 수놓았던 음악드라마 〈베토벤 바이러스〉는 비인기 종목으로 치부되던 클래식 음악을 지상파 방송에서 만날 수 있게 해준, 고마운 존재였다.

드라마의 주인공이자 지휘자로 등장했던 강마에(김명민 분)는 베토벤의 머리 모양과 이미지를 그대로 재현했던 연기자였다. 드라마에서는 베토벤의 음악을 가장 잘 재현하는 지휘자로 카를로스 클라이버를 언급하는 부분이 나오기도 한다. 실제 카를로스 클라이버가 지휘하는 베토벤 교향곡 5번은 국내 클래식 마니아들로부터 최고의 음반으로 인정받고 있다.

베토벤의 음악은 모차르트의 그것처럼 밝고 경쾌하지 않다. 멘델스존의 음악처럼 투명하면서 부드럽지도 않다. 바흐의 음악처럼 빈 곳이라고는 찾아볼 수 없을 정도고 논리적이면서 장엄하지도 않다. 오히려 브람스의 음악처럼 적당히 심각하면서 쓸쓸한 여운이 남는다.

그의 음악은 말러의 작품처럼 인간의 희로애락이 교차하는 한 편의 대하드라마 같은 느낌을 준다. 또한, 로베르트 슈만의 음악처럼 난해하면서도 공허한 감각을 잃지 않는다. 따라서 베토벤의 음악은 신을 배제한, 인간을 향한 화음이다.

누군가 베토벤의 음악 중에서 노년에 들어야 할 음악을 물어본다면 주저하지 않고 후기 현악 4중주를 추천할 것이다. 그곳에는 우주의 신비가 숨어 있으며, 인간사를 초월한 궁극의 정신세계가 똬리를 품고 있다.

음식을 먹다 보면 맛있는 부위를 마지막까지 아끼다가 마지못해 먹는 경우가 있다. 베토벤의 음악을 음식에 비유한다면 후기 현악 4중주는 연주가 끝난 후에도 젓가락을 옮기기가 아쉬운 그런 음악이 아닌가 싶다.

악성 베토벤은 30세부터 청각 이상에 시달린다. 소리가 사라진 자리에는 추억만이 정승처럼 버티고 있었다. 베토벤은 이를 놓치지 않았다. 그는 기억의 힘을 빌려 차곡차곡 음악을 완성해 나간다. 귀가 들리지 않는 자도 음악을 할 수 있으며, 손가락에 이상이 있는 자도 연주를 할 수 있으며, 눈이 보이지 않는 자도 악보를 제대로 읽어낼 수 있다. 이것이 베토벤이 진정으로 원했던 세상이 아닐까.

봄에는 알프레트 브렌델이 연주하는 베토벤의 피아노 소나타 열정을, 여름에는 아르투로 베네데티 미켈란젤리가 들려주는 베토벤 피아노 협주곡 3번을, 가을에는 피에르 푸르니에와 프리드리히 굴다가 협연하는 베토벤의 첼로 소나타를, 마지막으로 겨울에는 과르니에리 현악 4중주단이 연주하는 베토벤 후기 현악 4중주를 통째로 들어보자. 음악을 감상하면서 눈을 감는 순간, 베토벤이 쉬고 있는 넓고 아름다운 우주를 볼 수 있을 것이다.

다음은 베토벤의 수기 모음이다. 칠흙 같은 어둠 속에서도 새로운 멜로디를 만들어낸 그의 정신을 느낄 수 있다.

- 음악은 사람들의 정신으로부터 불꽃이 솟아나게 하지 않으면 안 된다.
- 음악은 모든 지혜, 모든 철학보다도 더욱 드높은 계시다.
- 내가 늘 하는 작곡법에 따르면, 심지어 기악곡을 쓸 때에도 나는 항상 전체를 눈 앞에 두고 작곡한다.
- 나는 언제나 모차르트의 가장 열렬한 지지자 중 한 사람이었다. 나는 생애의 마지막 순간까지 그럴 것이다.
- 자유와 진보가 예술에 있어서 목표라는 것은 생활 전체에 있어서도 마찬가지다.
- 나는 내 방에 헨델, 바흐, 하이든, 모차르트와 그리그의 초상화를 걸어 놓았다. 이 그림들은 내 인내력을 더욱 강하게 만들어준다.
- 정진해서 의무를 다하라. 좋든 나쁘든 결과와 귀착에 대한 생각을 일체 지워라. 왜냐하면, 이러한 침착만이 정신적인 가치에 대한 집중을 가능하게 하니까.
- 참다운 현자는 이 세상에서 결과의 선악을 고려하지 않는다. 그러므로 너의 이성을 그와 같이 훈련하도록 해라. 이러한 이성의 훈련은 인생에 고귀한 예술에 속한다.

참고문헌

1. 로맹 롤랑 지음,『장 크리스토프』, 정성국 옮김, 홍신문화사, 1995.

2. 로맹 롤랑 지음,『베토벤의 생애』, 이휘영 옮김, 문예출판사, 2005.

3. 신동헌 지음,『음악가를 알면 클래식이 들린다』, 서울미디어, 2007.

4. 리처드 오스본 지음,『카라얀과의 대화』, 박기호, 김남희 옮김, 음악세계, 2010.

5. 김정운 지음,『에디톨로지』, 21세기북스, 2014.

프란츠 페터 슈베르트

못 생겨서 죄송합니다

세상의
독신자와
독신주의자

독신의 역사는 인류의 역사다. 독신에 대한 해석은 시대와 국가와 문명에 따라서 다양한 스펙트럼을 지닌다. 독신 또한 산업의 역사처럼 변화하고 발전한다. 현대사회에서 말하는 독신이란 선택의 문제이지 사회적 기호의 잣대를 들이댈 부분은 아니다. 따라서 독신이란 삶의 방식이자 생존의 이유 중 하나다.

장 클로드 볼로뉴의 저서 『독신의 수난사』를 살펴보자. 그는 고대의 독신은 조상을 숭배하고 후세를 이어가는 자식의 의무를 저버리는 행위였다고 한다. 이후 그리스도교가 등장한 이후 중세를 거쳐 18세기에 이르기까지 독신이란 주로 성직자의 독신을 의미했다.

'개인'이라는 의미가 대두하던 근대에 들어 독신자는 '이기주의자' 또는 '개인주의자'라는 성격을 지닌다. 20세기에는 제1, 2차 세계대전으로 인해 남편을 잃은 여성의 독신문제가 사회적 현상으로 떠오른다. 이후 일어난 성 혁명으로 독립적 주체로서의 독신이 탄생한다. 드디어 독신자에 대한 균형 있는 사회적 시각이 형성되기 시작한 것이다. 21세기의 독신은 사회적인 요인보다는 삶의 다양성 측면에서 결혼제도처럼 일종의 생활양식으로 발전한다.

장 클로드 볼로뉴의 분석에 의하면 독신이란 일시적 독신과 장기 독신, 완전 독신이라는 세 가지 범주로 세분화된다. 여기에서 일시적 독신이란 학업을 계속하거나 결혼하여 정착하기 위해 기다리는 결혼적령기 청년들의 독신을 의미한다. 장기 독신은 정착한 성인으로 결혼 결정을 미루고 있는 젊은 남자의 독신을 말한다. 끝으로 완전 독신이란 죽고 나서야 완전한 독신으로 말할 수 있으나 실제로는 50대를 넘어선 독신자들을 상징한다.

사실 독신이라는 의미를 단지 '결혼하지 않는 상태의 성인'으로만 정의하기에는 해석상의 한계가 있다. 서두에서 언급했듯이 여기에서는 독신의 삶을 지향하는 독신주의자와 구분하는, 다시 말하면 독신주의자와 비혼자를 모두 포함하는 광의적 의미에서 독신자를 다루기로 한다.

마에스트로 백건우를 만나다

2013년 9월 14일. 피아니스트 백건우를 만났다. 장소는 예술의전당 콘서트홀 1층. 그는 말러 교향곡 1번에서 등장하는 거인(Titan)의 발걸음으로 무대를 향해 성큼성큼 이동했다. 당당하지만 경박하지 않은 움직임이었다. 관중은 마에스트로 백건우를 향해 조심스럽게 박수세례를 내보냈다.

그의 별칭은 '건반 위의 구도자', '음악의 순례자'다. 백건우 하면 제일 먼저 떠오르는 음반이 베토벤 피아노 소나타 전집이다. 아쉽게도 그의 베토벤 연주에서 특별한 감흥을 받지 못했다. 피아니스트 빌헬름 켐프의 정돈된 느낌도, 알프레트 브렌델의 학구적인 도전정신도, 프리드리히 굴다의 실험정신도, 언드라시 시프의 명정한 터치감도 백건우에게서는 느낄 수 없었다는 이야기다. 물론 백건우라는 이름 석 자를 전설적인 피아니스트와 동급으로 가정했음을 전제로 했다.

여기에는 피아노 소나타에 대한 개인적인 기호가 발동한 것임을 밝혀둔다. 예를 들어 에밀 길렐스 스타일의, 마치 망치로 건반을 내리치는 듯한 강렬함은 오히려 부담스럽다. 백건우는 오히려 에밀 길렐스에 가까운, 단단하면서도 정열적인 베토벤 피아노 소나타를 만들어냈다. 이는 단지 취향의 문제이지, 연주력이나 해석의 장단점을 논할 만한 부분이 아님을 밝힌다.

예술의전당에서 만난 백건우의 슈베르트 피아노 소나타 독주회는 한 마디로 기대 이상이었다. 백건우는 음악회를 앞두고 언론과의 인터뷰에서 슈베르트 피아노 소나타에서 평화와 자연스러움이라는 두 가지 특징을 언급했다.

그가 공연장에서 보여준 슈베르트 피아노 소나타에서는 루트비히 판 베토벤의 무게감이나 진중함보다는 물 흐르듯 이어지는 음악적 아름다움이 가득했다. 빈틈이라고는 찾아보기 힘들 정도로 악상 사이를 옭아매는 베토벤 소나타와 달리 부드러우면서 기품이 흘러넘치는 슈베르트 소나타를 완성한 것이다.

나는
가곡의
왕이로소이다

슈베르트의 인생은 미술가 반 고흐와 흡사한 부분이 적지 않다. 반 고흐의 창작생활은 예술에 대한 정열에 비해서 바닥에 가까운 미술계의 평가를 받아야 했다. 살아 있는 동안 예술가로서 높은 명성과 경제적 급부를 누렸던 마르크 샤갈, 앤디 워홀, 파블로 피카소의 인생과는 천양지차를 보였던 것이 반 고흐의 삶이었다.

프란츠 페터 슈베르트는 그가 존경에 마지않던 베토벤보다 27년이 늦은 1797년에 태어났다. 오스트리아 빈에서 초등학교 경영자의 아들로 성장했던 그는 무려 14명이나 되는 형제자매 중 12번째 자식이었다. 어린 시절부터 천부적인 연주 및 작곡능력을 보여 주었던 모차르트와 달리, 슈베르트는 음악에 두드러질 만한 재능을 보이지 못했다.

슈베르트는 5살 무렵, 아버지로부터 음악교육을 받는다. 이듬해에는 학교에 입학하여 음악적 재능을 드러낸다. 8세 무렵부터는 교회의 오르간 주자로부터 바이올린, 피아노, 음악이론 등을 전수받는다. 이후 슈베르트가 입학했던 왕실 기숙학교에서는 음악교습을 중요시했다. 슈베르트는 영화 〈아마데우스〉에 등장하는 모차르트의 라이벌 살리에르에게서 본격적인 작곡수업을 받는다. 당시 살리에르는 빈의 궁정악단이었다. 62세의 고령이었던 살리에르의 음악관은 구시대적인 형식에 집착하고 있었기에 25세 젊은이였던 슈베르트에게 별다른 영향을 주지 못했다.

본격적인 슈베르트의 방랑생활은 20대부터 시작한다. 가난을 대수롭지 않게 받아들이지 않았으며, 사회적 출세욕구도 많지 않았던 슈베르트에게는 태생적으로 보헤미안적인 성향이 있지 않았나 싶다. 권력을 향한 욕망이 거세된 슈베르트의 유순한 성격은 그의 주위에 수많은 예술가를 모이게 했다.

31세라는 짧은 나이에 세상을 떠난 슈베르트지만 음악에 대한 열정만큼은 어떤 작곡가에게도 뒤지지 않았다. 그는 본격적인 작곡활동을 시작하는 20대 시절부터 10년간 무려 1천여 곡에 달하는 작품을 세상에 선보인다. 또한, 6백여 곡에 이르는 슈베르트의 가곡들은 어떤 작곡가도 다다를 수 없는 예술적 완성도와 아름다움을 간직하고 있다.

현재 높은 평가를 받는 슈베르트의 가곡은 아이러니하게도 당시에는 별다른 사회적 평가를 받지 못했다. 이유는 당시 클래식 작곡가에게 가장 큰 부와 명예를 보장하는 장르가 오페라였기 때문이었다. 물론 슈베르트 역시 오페라 작곡을 시도한 바 있지만, 한 번도 무대에 오르지 못하는 형편이었다. 돈에 대한 욕심과는 무관하게 주위 친구들과 즐겁게 어울리기 위한 순수한 마음에서 즉흥적으로 완성한 가곡들이 그것이다.

슈베르트는 자신이 완성한 음악이 조명을 받지 못했기에 경제적으로도 많은 어려움을 겪어야 했다. 심지어 오선지를 살 돈마저 없어서 지인이었던 슈파운에게 오선지를 얻어서 작곡해야만 했다. 낭만파 음악의 창시자이자 가곡의 왕으로 불리는 작금의 슈베르트의 명성에 비하면 너무나도 궁핍한 삶의 연속이었다.

잘 생겨서
죄송하고
싶습니다만

음악서적이나 화가 클림트의 작품에서 접할 수 있는 슈베르트의 외모는 수려한 예술가의 풍모를 보여주고 있다. 하지만 실제 슈베르트는 엄청난 추남이었다. 152cm의 작달막한 키, 불쑥 튀어나온 아랫배, 내성적인 성격에 어울리지 않는 다변 다식

증세는 그가 심각한 우울증에 시달렸다는 설을 입증할 만한 근거가 아닌가 싶다.

슈베르트는 소원이 하나 있었는데 그것은 바로 악성 베토벤의 제자가 되는 것이었다. 제자가 되기 위한 슈베르트의 염원에도 좀처럼 베토벤과의 인연이 닿지 못하던 중 기회가 찾아온다. 지인의 소개로 베토벤이 입원한 병원을 방문할 기회가 생긴 것이다.

그는 떨리는 마음으로 자신이 작곡한 가곡 몇 개를 베토벤에게 보여준다. 베토벤은 슈베르트가 작곡한 곡에 대해서 매우 아름답다는 짧은 칭찬의 말을 건넨다. 때는 1828년 봄이었다.

그는 내면세계보다는 외모에 민감할 수밖에 없는 20대 시절을 제대로 된 연애 한 번 해보지 못한 채 흘려보낸다. 슈베르트는 변변치 못한 외모 때문에 생긴 심적 고통을 음악으로 치유하고자 노력했다.

추남 슈베르트에게도 팬 클럽이 존재했다. 팬 클럽의 명칭은 그의 이름을 따서 만든 '슈베르트아데'였다. 화가 슈빈트, 궁전 바리톤 가수로 활동했던 포클 등과 연합하여 만든 슈베르트아데를 통해서 슈베르트는 그를 아끼는 동료 예술가들에게 선사하는 자신의 자작곡을 발표하곤 했다. 요즘으로 따지면 특정 예술가를 중심으로 모이는 인터넷 팬 카페 정도가 되겠다.

다변다식증에 걸려 있던 '먹방' 슈베르트의 당시 별명은 '맥주통'이었다. 소탈한 성품의 그에게 어울릴 만한 별명이 아닌가 싶다. 맥주광 슈베르트는 자신에게 관심을 보이지 않는 이성에 대한 욕구를 홍등가에서 해소

해야만 했다.

베토벤과 운명적으로 조우한 지 1년 만에 슈베르트는 베토벤을 저세상으로 떠나 보낸다. 두 천재 음악가는 무대가 아닌, 병상에서 처음이자 마지막으로 만났을 뿐이다. 슈베르트는 베토벤의 장의행렬에 나선 36인 중의 한 명이었다.

베토벤의 영혼이 슈베르트에게로 전해진 것일까. 슈베르트는 베토벤이 세상을 떠난 지 1년 만인 1828년 11월 눈을 감는다. 그의 나이 불과 31세였다.

2013년
9월 14일
토요일 밤

예술의전당 1층 객석은 관객들의 호흡이 멈춘 듯한 차가운 적막감이 흐른다. 그 적막감을 뚫고 백건우의 명징한 건반 음이 객석 여기저기를 부유한다. 배우들의 대사를 최대한 절제하는 이윤기 감독의 영화 같은 시간이 흐르고 또 흐른다. 천천히 눈을 감는다. 슈베르트의 4개의 즉흥곡이 초가을 구름 사이로 천천히 들려온다. 어른 주먹만 한 우윳빛 날개를 단 아기천사들이 회색 구름 근처로 몰려든다.

얼마만큼의 시간이 흘렀을까. 관객들의 박수소리가 공연장을 가득 메운다. 나는 눈을 뜬다. 그리고 조심스럽게 무대 위를 응시한다. 무대 위에는 연주를 마친 또 한 명의 슈베르트가 당당하게 자리를 지키고 있다. 슈베르트의 두툼한 얼굴이 조금씩 형체를 달리한다. 슈베르트의 영혼이 빠져나간 자리에는 백건우가 있었다.

연주자 백건우가 천천히 관객을 향해 고개를 숙인다. 나는 이곳에서 백건우와 슈베르트를 조우했다. 적어도 이 무대에서 슈베르트는 외롭지 않았다. 슈베르트 자신이 남긴 수많은 명곡과 그의 작품을 사랑하는 21세기의 팬들이 있었기에. 2013년 9월 14일 토요일 밤이었다.

참고문헌

1. 신동헌 지음, 『재미있는 클래식 길라잡이』, 서울미디어, 1995.

2. 신동헌 지음, 『재미있는 음악사 이야기』, 서울미디어, 1997.

3. 장 클로드 볼로뉴 지음, 『독신의 수난사』, 권지현 옮김, 이마고, 2006.

4. 이재규 지음, 『CEO를 위한 클래식 작곡가 에피소드』, 예솔, 2008.

한스 크리스티안 안데르센

그들만이 꿈꾸는 세상

모든
동화는
해피엔딩이어야만
할까

벌거벗은 임금님, 눈의 여왕, 엄지 공주, 백조 왕자, 하늘을 나는 가방, 빨간 구두, 외다리 장난감 병정, 바보 한스, 성냥팔이 소녀, 인어 공주, 미운 오리 새끼. 기억 속에서 작은 불씨처럼 희미하게 숨 쉬고 있는 보석 같은 이야기들. 위에 소개한 동화 속 주인공의 삶을 훔쳐 보면서 일희일비했던 유년기의 추억은 성인이 되어서도 쉽게 사라지지 않는 낡은 사진첩처럼 남아 있다.

소개한 이야기의 아버지는 덴마크 출신의 한스 크리스티안 안데르센이다. 19세기 초반만 해도 유럽의 동화는 요정이 등장하는 이야기나 전설을 각색한 이야기가 전부였다. 당시 동화작가이자 소설가였던 한스 크리스티안 안데르센은 현실에서 만날 수 있는 소외된 인물들을 자신의 동화에 등장시킨다. 그는 1835년부터 동화창작을 시작하여 약 40년간 200여 편에 달하는 동화를 완성한다.

안데르센은 자신의 창작동화를 제대로 이해할 수 있으려면 성인이 되어서나 가능할 것이라고 말한다. 실제 안데르센의 동화는 비극으로 마치거나 기괴한 분위기를 풍기는 이야기가 적지 않다. 이는 안데르센의 굴곡 많았던 인생을 투사한 작품이 많았기 때문이다.

오리와 백조 사이

작품 『미운 오리 새끼』는 19세기 초반 유럽의 계급사회를 풍자한 안데르센의 역작이다. 주인공인 미운 오리는 다른 오리 형제들과 달리 덩치가 크고 볼품없는 외모 때문에 어려서부터 주위의 미움을 받는다. 오리 세계에도 인간들처럼 외모지상주의로 말미암은 차별과 멸시가 횡행했던 것이다. 미운 오리는 결국 무리에서 쫓겨나 떠돌이 생활을 하게 된다.

길을 헤매다가 마주친 곳은 마음씨 좋은 할머니가 고양이와 닭을 키우는 집이었다. 할머니는 미운 오리를 함께 키우기로 결심한다. 할머니의 사랑을 독차지하는 미운 오리. 하지만 이를 질투하는 고양이와 닭의 구박을 견디지 못하고 미운 오리는 다시 정처 없는 여행길을 떠난다.

커다란 호숫가에 도착한 미운 오리. 미운 오리의 시야에는 호숫가에서 사는 백조가 등장한다. 미운 오리는 함박눈을 하염없이 맞으면서 백조의 아름다운 자태를 부러운 시선으로 쳐다본다. 자신의 비루한 삶을 한탄하는 미운 오리. 추위를 이기지 못하고 쓰러지는 미운 오리. 순간, 나무꾼이 등장한다. 그는 기력을 잃은 미운 오리를 발견하고 자신의 집으로 데려가 극진하게 보살핀다.

목숨을 건진 미운 오리는 나무꾼의 도움으로 그의 집에서 생활한다. 하지만 미운 오리의 행복도 잠시였다. 나무꾼이 없는 사이 들쥐가 나타나서 식탁의 음식을 먹어치운 것이다. 나무꾼의 가족은 혼자 집을 지키던 미운 오리를 발견하고 잘못을 뒤집어씌운다. 다시 나무꾼의 집을 떠나야 하는 미운 오리.

미운 오리는 결국 호숫가 근처의 바위틈에서 살기로 한다. 미운 오리는 물고기나 조개를 먹으면서 밤에는 추위를 견디기 위해서 낙엽을 덮고 자야 했다. 겨울이 오자 호수가 얼어붙었지만 미운 오리는 들쥐의 도움으로 음식을 얻어먹으며 생명을 지탱한다.

이렇게 몇 달을 지내다가 조심스레 날갯짓을 해보는 미운 오리. 순간 미운 오리는 커다란 날개를 흔들면서 하늘을 나는 자신을 발견한다.

비로소 자신이 백조였다는 사실을 깨닫는 미운 오리. 백조가 된 미운 오리는 백조의 무리 속에 합류한다.

문화적인
것과
인간적인
것

문제는 동화의 미심쩍은 결론이다. 미운 오리는 이질적인 문화에서 힘겹게 탈출하여 자신이 원하는 문화 속으로 사라진 것일까. 미운 오리의 삶은 영원한 행복이 보장된 삶일까. 백조가 아닌 오리의 삶은 미래가 보이지 않는 좌절과 고난의 삶이라는 것을 작가는 설명하고자 했던 것일까. 무엇인가 미진한 느낌을 지울 수 없다. 미운 오리의 삶이 백조의 삶으로 변신함으로써 마치 면죄부를 받는 듯한 정서적 불편함이 마음속을 떠나지 않는다.

문화 칼럼니스트 김용석은 자신의 저서 『문화적인 것과 인간적인 것』을 통해서 미운 오리의 여정은 닫힌 사회에서 출발하여, 닫힌 사회를 거쳐, 닫힌 사회에 안주하는 것이라고 말한다. 이는 오리와 백조라는 이야기 속에 숨겨진 은폐된 진실에 대한 새로운 해석을 보여주는 부분이다.

김용석은 삶의 틀 안에서 조화, 안정, 질서를 지향하는 닫힌 사회가 전근대의 신화였다면, 틀 안에서의 변화뿐만 아니라 틀 자체에 대한 부정을 시도하고 틀 밖의 세계와의 관계 형성을 지향하는 열린 사회를 오늘날의 신화라고 정의하고 있다.

그의 해석을 따르면 이러한 열린 사회가 자신 모순에 빠지지 않으려면 탈신화화(Demythologizing)된 닫힌 사회에 대해서도 본질적인 배척을 경계해야 한다는 결론에 봉착한다. 또한, 열린 사회와 닫힌 사회의 문제는 다원화 사회에 대한 호혜적 입장이 전제되어야만 한다는 결론에 다다른다.

이러한 다차원적 복수문화의 사회에서는 각 개인과 사회 소집단들의 욕구가 다양한 형태를 띠면서 양적인 증식을 지속해야 한다는 전제가 따른다.

따라서 미운 오리는 자신이 태어난 오리 사회에서도, 고양이와 닭이 살고 있던 할머니 집에서도, 동물을 키우지 않던 나무꾼의 집에서도 닫힌 사회의 한계를 경험하는 것 외에 아무런 해결책을 찾지 못하는 타자로 등장하고 있다.

하지만 미운 오리는 영원한 외톨이로 존재하지 않는다. 미운 오리가 백조무리를 만나기 전 정착한 곳은 소속의 의무로부터 자유로운 자연이었다. 하지만 겨울이 오자 미운 오리의 삶은 더욱 궁핍해진다. 여기에서 미운 오리를 돕기 위해 등장하는 들쥐는 열린 사회로의 가능성을 의미한다. 이야기 전반부에 등장하는 할머니와 같은 이질적 문화 수용자로서의 존재가 들쥐인 셈이다.

그러므로 김용석이 해석한 닫힌 사회로 일관하는 미운 오리의 이야기는 열린 사회로의 가능성을 내포하는 들쥐의 존재가 생략되어 있음을 알 수 있다.

미운 오리는 자신이 백조임을 깨닫고 백조무리에 안착한다. 여기에
서 미운 오리를 도와준 들쥐의 존재는 나타나지 않는다. 이야기의 결말
에서 열린 사회로의 가능성을 내포하기 위해서 들쥐와 함께 공존하는 밉
지 않은 오리의 모습을 보여줬다면 어땠을까.

안데르센은『미운 오리 새끼』이야기를 만들면서 아웃사이더로 살았
던 자신이 새로운 세계를 경험하기 위해 실험했던 것인지도 모르겠다.

나는
한스
안데르센이다

저자 안데르센의 삶은 미운 오리의 이야기
처럼 닫힌 사회 속에서의 갈등과 외로움의 연속이었다. 구두수선공인 아
버지와 세탁부인 어머니를 두었던 안데르센은 어린 시절부터 가난과 함
께 성장해야 했다.

내성적인 성격의 외아들 안데르센은 자신이 14세가 되던 해에 아버지
의 죽음을 경험한다. 아버지의 부재로 가난의 골이 더욱 깊어진 와중에도
노래와 연기에 재능을 보이던 안데르센은 자신의 미래를 펼치기 위해 덴
마크의 수도 코펜하겐에 진출한다.

안데르센의 재능은 열린 사회로의 진입을 허용할 정도로 뛰어나지 않

았다. 그가 방문했던 코펜하겐의 극단들은 안데르센의 능력을 그리 대단하게 여기지 않았다. 하지만 안데르센에게도 기회의 여신이 찾아온다. 예술애호가인 요나스 콜린이라는 후원자를 알게 된 것이다. 후원자의 도움으로 늦은 나이에 학업을 시작하는 안데르센. 그는 슬라겔세라는 지역에 있는 학교에서 자신의 새로운 재능을 발견한다.

23세의 안데르센은 6년간의 학업과정을 거쳐 대학에 입학한다. 재학 중에 자신의 창작 시 『죽어가는 아이』가 호평을 받자 연기자에서 작가로 자신의 미래 직업을 전환한다. 하지만 교훈적 의미의 전달보다는 환상적인 묘사에 치중한 초기 안데르센의 작품은 세간의 혹평에 시달려야만 했다. 이러한 어려움 속에서도 안데르센은 동화작가의 꿈을 접지 않는다.

안데르센은 1843년에 자신의 최고작인 『미운 오리 새끼』를 발표하여 세계적인 동화작가로서의 입지를 굳힌다. 안데르센은 평생을 독신으로 살았으며 1875년, 70세의 나이로 세상을 떠난다.

안데르센은 동화 『미운 오리 새끼』를 통해서 주류사회에 진입하고자 하는 자신의 문학적 열망을 투사하고 있다. 주인공의 죽음으로 마무리하는 동화 『성냥팔이 소녀』와 달리 『미운 오리 새끼』에서는 비록 닫힌 사회이지만, 주인공이 원하는 세계로 편입하면서 마무리된다.

그렇다면 어린이들이 읽는 동화는 밝고 긍정적인 내용으로 일관해야 할까. 아니면 안데르센처럼 슬프고 비극적인 내용을 포함해야 할까. 안데르센은 자신의 작품을 읽는 이들이 어린이뿐만 아니라 어른까지도 포함해야 한다고 말했다. 하지만 동화의 주된 독자는 어린이다.

따라서 동화의 작가는 어린이가 이해할 수 있는 눈높이를 가진 능력자이어야 한다. 성인의 세계를 묘사하고자 하는 작가라면 성인문학이라는 장르에 집중하면 된다.

안데르센과의
대화
그리고

초등학교 시절, 『성냥팔이 소녀』를 읽으면서 세상은 내가 원하는 대로 굴러가지 않는다는 일종의 충격을 받았다. 다른 한편으로는 죽음을 통해서 자신의 가족을 만날 수 있다는, '죽음의 긍정성'에 대해서도 인지하게 되었다. 누구한테도 들어 보지 못했던 죽음의 비밀을 동화를 통해서 알게 된 것이다.

당시 독서를 통해서 느껴지는 나의 뛰어난 인지력(?)에 도취했던 기억이 남아 있다. 뛰어난 인지력이 순전히 착각이라는 것을 깨닫는 데까지는 생각보다 오랜 시간이 걸렸다.

당시 나의 성장 환경은 할 수 있는 것보다 하지 말아야 할 것을 집중적으로 교육받는, 보신주의적인 환경이었다. 따라서 이미 『성냥팔이 소녀』를 접하기 이전부터 나와 세상 사이에 놓인 '건널 수 없는 강'에 대한 선행교육을 단단하게 받은 상황이었다.

안데르센의 동화는 이미 알고 있는 세상을 다시 한 번 확인하는 정도의 의미가 아니었나 싶다. 두 번째로 죽음의 긍정성이다. 이 부분에 대해서는 할 말이 많다. 죽음에 대해서 알지 못하던 내게 처음으로 죽음이 비극으로만 존재하지 않는다는 깨달음을 준 동화가 바로 『성냥팔이 소녀』였으니까.

소녀의 죽음은 과연 비극일까. 죽음을 앞둔 상황에서 소녀의 자아에 다가오는 존재는 하늘나라에 있는 엄마다. 소녀는 죽음을 통해서 엄마와 재회한다. 소녀가 겪어야 하는 죽음은 개인의 사망이 아닌, 가난한 자를 구제하지 못하는 사회구조의 사망이다. 따라서 소녀의 죽음은 자신이 선택할 수 없는, 닫힌 사회에서 감수해야 하는 일종의 운명과도 같다.

소녀를 구제하지 못하는 닫힌 사회는 소녀에게 죽음을 강요함으로써 역할을 미봉한다. 소녀가 바라보는 현실 사회는 철저하게 절망적이다. 소녀는 비자발적 죽음을 통해서 그녀의 유일한 희망, 즉 엄마와 재회하는 꿈을 달성한다.

안데르센 동화의 철학을 '비극을 통해 재현하는 세상'이라고 말하고 싶다. 안데르센은 동화작가로서 자신의 입지를 다지고 나서 독일과 이탈리아 여행을 감행한다. 중년기에 접어든 안데르센의 교우관계는 시인, 미술가, 소설가, 왕족, 정치가에 이르기까지 폭넓게 이루어진다.

이 중에서 안데르센에게 가장 결정적인 영향을 미쳤던 인물은 제니 린더라고 불리는 여성이었다. 안데르센은 제니 린더와의 교제를 통해서 연애의 완성을 꿈꿨으나 이는 안데르센의 희망 사항에 불과했다.

제니 린더와의 이루어질 수 없는 사랑 때문이었을까. 안데르센은 평생을 독신으로 지내야 했던 자신의 삶을 슬픈 동화를 통해서 투영하고 있다. 안데르센은 "내가 살아온 인생사가 바로 내 작품에 대한 최상의 주석이 될 것이다."라는 말을 통해서 자신의 작품세계를 간접적으로 설명하고 있다.

　　"안데르센. 당신은 백조이기를 바라는 미운 오리입니까? 아니면 열린 사회를 꿈꾸는 미운 오리입니까?" 내 기습적인 질문에 안데르센은 희미한 미소를 지으며 이렇게 대답했다. "친구. 미운 오리는 아무것도 꿈꾸지 않았네. 단지 닫힌 사회 속에서 헤매던 미운 오리를 바라보는 독자들의 마음속에 백조가 자리를 잡고 있었을 뿐이지. 동화에 등장하는 미운 오리의 생은 평생을 독신으로 살았던 내 삶을 의미하는 것이고."

참고문헌

1. 한스 크리스티안 안데르센 지음, 『안데르센 동화』, 지연서 옮김, 그린북, 2004.

2. 김용석 지음, 『문화적인 것과 인간적인 것』, 푸른숲, 2010.

3. 한스 크리스티안 안데르센 지음, 『안데르센 자서전』, 이경식 옮김, 휴먼앤북스, 2012.

프리드리히 빌헬름 니체

인간적인, 너무나 인간적인

장영란의
그리스
신화

　　　　철학이란 무엇인가. 생각만 해도 현기증
이 앞을 가리는 문자의 조합이다. '철학' 하면 떠오르는 이미지는 매우 다
양하다. 이를테면 '무겁고, 재미없고, 지루하고, 심각하고, 난해한'이라는
이미지는 철학의 그늘에 속한다. 반면에 '인생, 자아성찰, 인간탐구, 사유,
가치' 등 그늘 밖의 세상 또한 엄연히 존재한다.

　　소개하는 독신자는 실존주의 철학자로 불리는 니체다. 니체라는 신비로
운 어감의 이름에서 유럽 출신의 철학자들, 예를 들면 칸트, 헤겔, 데카르트,

비트겐슈타인 등과는 다른 낭만적이고 신화적인 아우라에 휩싸이곤 한다. 고등학교 시절, 니체를 앞에서 나열한 철학자들과는 달리 지구 상에 존재하지 않는 신화에서나 나올 만한 인물이라고 믿었다.

하지만 그는 신적인 존재도 아니었고, 지구가 아닌 다른 세상에서 살지도 않았으며, 신화에 등장하는 고대 시대의 인물도 아니었다. 다른 인간처럼 1844년에 독일에서 태어났으며 후기 자본주의가 발발했던 1900년에 세상을 떠났다.

박사과정 4학기 시절, 수학했던 과목 중 하나가 '그리스신화'였다. 세계적인 문화콘텐츠로 자리 잡은 그리스신화는 해석에 따라서 여러 가지 이야기가 거미줄처럼 얽혀 있었다. 그리스신화의 세계는 어렴풋이 알았던 신화의 범주보다 넓고 깊었다. '그리스신화' 수업은 학생들이 신화에 등장하는 신을 하나씩 선택하고 조사해서 발표하는 방식으로 진행되었다.

발표해야 할 그리스 신은 아폴론이었다. 참고로 박사과정 전공은 문화콘텐츠였다. 문화콘텐츠는 문화와 산업 간의 융합을 통해서 이를 상품화하는 융합학문이다. 우선 아폴론이라는 신의 이미지를 차용한 상품에 관심을 두고 이를 조사했다.

아폴론은 올림퍼스 12신 중 하나였다. 그는 제우스 신과 티탄족 출신의 레토 사이에서 탄생했다. 아폴론은 시-음악-궁술-예언-광명을 담당했으며 미남청년 또는 파괴자라는 별칭을 지닌 존재였다. 그리스신화에 등장하는 신 중에서 능력자급에 속하는 아폴론은 다양한 브랜드로 차용되고 있었다. 우선 1969년 우주선 아폴로 11호, IT 업체의 휴대용 태양광 충전기, 암스테르담의 건물명, 미국 뉴욕의 공연장명, 악기(피아노) 명칭 등 아폴로가 상징하는 수많은 이미지가 상품과 결합하여 제2의 인생을 살고 있었다.

발표를 준비하는 과정에서 담당 교수는 니체의 저서 『비극의 탄생』을 학습하라고 권했다. 아폴론을 준비하기도 벅찬데 뜬금없이 니체라니, 이 무슨 신화와 철학과의 잡탕밥인가. 어쩔 수 없이 니체에 대한 호기심 반, 공부에 대한 부담 반의 심정으로 니체의 책을 구매했다. 우선 총론 정도 수준에서만 알았던 니체 철학에 관한 단계적인 탐구가 선행되어야 했다. 니체에 관한 두 권의 책을 탐독한 뒤에서야 교수가 말했던 『비극의 탄생』을 인터넷 서점에서 구매했다.

비극의 탄생

제목에서부터 심각한 분위기가 넘치는 『비극의 탄생』 속에는 아폴론의 비밀이 몸을 잔뜩 웅크린 채 숨어 있었다. 이 책의 핵심은 아폴론적인 것과 디오니소스적인 것의 대화였다. 니체는 자신의 저서를 통해서 이를 상호 비교하고자 했다. 공부하면서 새삼 다시 알게 된 니체라는 인물은 세상을, 사람을, 인생을 아폴론적인 것과 디오니소스적인 것으로 이분화했던 철학자였다.

태양신으로 불리기도 한, 제우스만큼은 아니지만 나름 전지전능하고 예술, 학문, 전투에 두루 조예가 깊었던 아폴론. 그렇다면 디오니소스는 어떤 인물일까, 궁금해졌다. 이름도 하필이면 스파게티 소스도 아닌 디오니소스라니. 다시 디오니소스에 대해서 알아야만 했다. 이게 학문의 매력이자 어려움이기도 하다. 하나를 알면 꼬리에 꼬리를 물고 이어지는 곁다리 이론들 그리고 쏟아지는 관련 논문과 참고도서들.

　디오니소스는 아폴론과 같은 아버지에게서 태어난 존재였다. 단지 어머니가 달랐다. 디오니소스는 아폴론의 애인(참고로 그리스신화에 나오는 신들은 인간과 아주 흡사하다. 질투도 많고 생긴 것도 그렇고) 세멜레 사이에서 탄생한다. 그러니까 아폴론과 이복형제뻘 되는 신이다. 디오니소스는 재미있게도 술(포도주)과 풍요를 상징하는 신이다. 로마신화에서는 그를 바쿠스라고 부른다. 술 하면 떠오르는 이미지들. 이성보다는 감정, 쾌락, 낙관, 황홀경 등이 있겠다.

　니체는 무려 14년 동안 준비한 자신의 처녀작 『비극의 탄생』을 통해서 이성과 감정의 양면성을 구분 짓는다. 다시 말하자면 아폴론이 구분 가능한 지식, 중용을 상징하는 신이라면 디오니소스는 정형화되지 않은 사고와 감정 그리고 직관과 관련된 신이라는 것이다.

　실제로 디오니소스는 거인족인 티탄족에게 사지가 찢기는 고통을 받는다. 이를 통해서 니체는 개별화의 상징인 디오니소스적인 삶에는 고통과 좌절이 따르기 마련이라는 부정적인 견해를 내놓는다.

　니체는 개별화의 삶을 포기하고 집단적인 삶을 추종하는 것이 삶의 고통에서 빠져나오는 지름길이라고 주장한다. 개인적인 취향으로는 받아들이기 힘든 이론이지만 어쨌든 니체는 그렇게 말했다.

초인의
탄생인가,
신의
사망신고인가

이러한 니체의 양비론은 유럽을 죽음의 도가니로 몰았던 파시즘의 광풍으로 이어진다. 히틀러와 무솔리니로 상징되는 파시즘은 개인의 자유나 개성은 무시한 채, 국가의 권위와 힘을 우선시하는 폭력적인 정치 이데올로기다.

따라서 디오니소스적인 삶을 갈망하는 예술가나 지식인은 파시즘 사회에서 암적인 존재일 뿐이다. 니체는 강자의 도덕론을 통해서 초인의 탄생을 염원하는 파시즘의 선구자라는 비난 속에서 자유롭지 못한 철학자였다.

니체 하면 떠오르는 어구는 바로 '신은 죽었다.'이다. 르네상스 시대 이후까지 신을 중심으로 한 문화예술의 영향력은 유럽의 세계관을 지배했다. 이에 반기를 든 철학자가 니체였다. 그는 신의 그림자가 더는 인간의 정신을 좌지우지할 수 없어야 한다고 주장한다.

'신은 죽었다.'라는 니체의 선언은 곧 그리스도교에서 주장했던 궁극적 실재에 대한 형이상학적 고찰에 대한 철저한 부정에서 출발한다. 이는 19세기 후반 무렵 유럽의 문화가 처한 상황과 그것이 나아갈 바에 대한 철학적 진단이자 처방전이었다.

쇼펜하우어 철학에 영향을 받은 니체는 음악가 바그너의 열정적인 추종자였다. 바그너의 작품 〈트리스탄과 이졸데〉, 〈뉘른베르크의 여가수〉 등을 통해서 감명을 받은 니체는 바그너와의 만남에 성공한다.

24살 니체의 삶은 바젤대학의 고전문학 교수로서 새롭게 출발한다. 하지만 당시 출간한 니체의 저서 『비극의 탄생』에 대한 세평은 대단치 않았다. 니체는 세간의 주목을 받지 못하는 교수 자리를 유지하고 있던 자신의 현실을 개탄한다.

나는
인간적인 것을
본다

한편 1876년에는 『인간적인 너무나 인간적인』이라는 저서를 통해서 바그너에 대한 환상으로부터 결별을 선언한다. 니체는 바그너라는 인물의 낭만적인 문화이념을 거부한 것이다. 이후 니체는 자신을 바그너 숭배자 겸 새로운 독일 문화에 대한 예언가가 아니라 계몽가와 심리학자로 대중들에게 소개되기 시작한다.

이후 건강상의 문제까지 겹친 니체는 10년간의 교직생활을 내놓는다. 때는 1879년이었다.

심한 편두통과 만성적 위장장애에 시달리던 니체는 고통을 덜어줄 수 있는 신선한 공기와 건강한 환경을 찾아서 방랑생활을 시작한다. 이후 다시 바젤대학에서 다시 강의를 시작하지만, 그의 상태는 여전히 정상이 아니었다. 결국, 니체는 1879년 건강상의 이유로 강의를 중단하고 제네바로 휴양을 떠난다.

자유정신으로의 이행을 시도하는 『인간적인 너무나 인간적인』에서 니체의 사유는 본격적인 파괴의 시기로 들어선다. 심리학자이자 계몽가로서 니체는 새로운 가치와 더 높은 삶의 조건들을 저서를 통해서 제시한다. 이를 위해서 전승된 가치와 덕목들에 대한 비판적 파괴와 해체작업이 따라야 했다.

1882년 초에 『즐거운 학문』이라는 저서를 출간한다. 『즐거운 학문』에서 니체는 실험적 철학의 분위기와 방법론을 보여 준다. 특히 『즐거운 학문』에서는 신의 죽음에 대한 확실성을 강조한다. 이 작품에는 니체 후기 철학의 거의 모든 주제를 발견할 수 있다.

니체는 1883년 들어 문제작 『차라투스트라는 이렇게 말했다』를 집필한다. 당시 그의 건강은 비교적 나쁘지 않았으며 사유능력은 정점을 찍은 상태였다.

그는 이 책을 통해서 자신의 철학적 과제를 수행했다고 말한다. 차라투스트라라는 페르시아 현자의 부활을 통해 자기극복의 고통과 기쁨을 갖는, 자유정신과 육체와의 통일이 마련하는 건강한 미래의 인간을 제시한다. 이 인간은 상승하는 삶을 영위할 수 있으며, 자신 안에 있는 모순적인 면들을 창조적으로 연결하는 이상적인 삶의 비전을 제시한다.

그는 1886년에는 저서 『선악의 저편』을 완성한다. 아포리즘(삶의 지혜

나 교훈 등을 간결하게 표현하는 방식) 양식을 다시 사용한 이 책에서 니체는 자신을 자유정신으로 재등장시킨다. 자유정신이 제시하는 주제들은 니체의 후기적 사유를 이해하는 열쇠 역할을 한다. 당시 니체는 자신의 과거를 다시 불러와 확대된 사유지평을 통해 구제하는 데에 관심을 보인다.

1887년 11월, 도덕에 대한 논쟁서인 『도덕의 계보』를 출간한다. 1887년 초부터 악화하기 시작한 그의 건강상태는 연인이었던 살로메의 결혼소식을 접하면서 발생한 우울증과 함께 더욱 심해진다. 이런 상황에도 니체는 인간과 세계에 대한 정합적이고도 체계적인 해석을 내놓는데 최선을 다한다.

이후 1888년 말부터는 불행의 징조가 조금씩 눈에 띄기 시작한다. 그는 거의 매일 친구들이나 여러 지기에게 편지를 써서 아주 위대한 사건이 일어날 것임을 예언한다.

니체는 『디오니소스 송가』의 교정을 마친 직후인 1889년 1월 카를로 알베르토 광장에서 결국 쓰러진다. 그는 정신이상 징후를 보이기 시작하여 바젤 정신병원에 입원한다. 그의 상태는 1891년부터 급격히 악화하기 시작해서 지인들을 알아보지 못할 상태에 다다른다. 1900년 니체는 드디어 초인의 삶을 마무리한다.

모순적
가치들과
마주 보다

니체 철학의 정점은 인간에 대한 폭넓은 사유의 확장에 있다. 신의 그늘에서부터 자유롭지 못했던 인간을 새롭게 정의하고자 노력했던 니체의 사상은 지금까지도 철학계에서 중요한 논의과제로 다뤄지고 있다.

하지만 자본주의 태동에 따른 급격한 사회문화의 변화에 대해서 방관자적 자세를 견지했던 후기 니체 철학에는 여러 가지 문제점을 내포하고 있다. 이는 당시 사회적 변화에 대한 니체의 능동적인 분석이나 비전의 제시가 결여되어 있다는 부분과 일치한다.

따라서 니체는 철저하게 인간의 형이상학적인 삶을 극복하고자 하는 노력과는 반대로 현실을 토대로 한 초인의 탄생에는 지나치게 낭만주의적인 자세를 취했다고 말할 수 있겠다.

정신적 외로움과 육체적 고통 속에서 말년을 보내야 했던 니체. 그의 찬란한 정신세계는 말년에 이르러서야 당대의 지식인들로부터 인정을 받기 시작했다. 니체의 저서들은 정치적으로 급진적인 단체들로부터 열렬한 지지를 받았지만, 니체 스스로는 이러한 상황 자체를 희극적인 변화로 받아들일 뿐이었다.

그는 결정적으로 자신에게서 사랑을 줄 수 있는 능력 자체가 결여되어 있다는 사실에 고뇌하는 미약한 인간이었다. 이는 니체를 독일철학의 거두이자 초인으로 숭배 시 하는 조류와는 상관없는 평범한 독신자의 삶을 상징하는 모순적인 가치로 정의할 수 있는 부분이다.

니체는 인류가 만들어 왔던 모든 가치에 도전하는 철학자의 삶이란 또 다른 이론가들로부터 공격당하는 굴절의 삶을 감당해야 한다고 여겼던, 진정으로 인간적인 인물이었다.

참고문헌

1. 니체 지음, 『짜라투스트라는 이렇게 말했다』, 정동호 옮김, 책세상, 2002.

2. 니체 지음, 『인간적인 너무나 인간적인』, 강두식 옮김, 동서문화사, 2007.

3. 페터 추다이크 지음, 『니체』, 임영은 옮김, 생각의나무, 2009.

4. 니체 지음, 『니체의 말』, 박재현 옮김, 삼호미디어, 2010.

5. 니체 지음, 『비극의 탄생』, 성동호 옮김, 홍신문화사, 2011.

6. 키스안셀 피어슨 지음, 『How to Read 니체』, 서정은 옮김, 웅진지식하우스, 2012.

7. 장영란 지음, 『장영란의 그리이스 신화』, 살림, 2012.

빈센트 반 고흐

별이 빛나는 밤에

우리는
그를
'무엇'이라고
부른다

어떤 남자를 소개한다. 한강이 보이는 19평 복층 오피스텔에서 사는 직장인. 나이는 서른아홉. 작년까지 연애하던 여자가 있었지만, 올해는 없다. 연애했던 여자는 그와 결혼을 원했다. 다시 말해 그녀는 남들처럼 결혼식을 올리고, 아이도 낳고, 살림도 하면서 살기를 원했다.

삶의 문제는 탄탄대로를 걷는 과정에서는 절대 발생하지 않는다. 문제는 갈림길이 등장하고부터다. 동행의 과정은 즐겁다. 동행의 대상이 사랑하는 이라면 더욱 그렇다. 하지만 갈림길을 만나면 우리는 선택해야만 한다. 남자는 고민에 빠진다.

그는 결혼에 특별히 관심이 없는 인물이다. 평생을 선인장처럼 혼자 살아야 한다는 생각은 없다. 그렇다고 해서 마흔 줄을 넘기기 전에 결혼해야만 한다는 강박관념에 사로잡혀 있지도 않다. 그는 결국 여자와 헤어졌다.

그는 부모님의 생일과 명절을 제외하고는 자신이 번 돈을 고스란히 자신에게 투자한다. 회사 일을 마치면 음악감상 동호회 사람들과 어울린다. 주말에는 재즈 LP 수집을 위해서 회현지하상가와 용산전자랜드를 방문하는 게 그의 중요한 일과다.

회사에서 보너스가 나오는 달에는 오디오를 교체하기 위해 목돈을 쓰기도 한다. 내년부터는 미술관람에 관심을 둬볼 계획이다. 미술사 공부를 위해서 다음 달부터 시작하는 문화센터에 수강신청을 마친 상태다. 주위 사람들을 그를 '독신자'라고 부른다.

여기서 질문 하나. 앞에 등장한 삼십 대 후반 싱글남이 한국의 일반적인 독신남일까. 언제든지 마음만 먹으면 연애를 할 수 있으며, 혼자서도 사는데 큰 지장이 없고, 자신의 수입을 고스란히 자기계발이나 취미생활에 투입할 수 있으며, 주말에는 자신이 원하는 여가생활을 마음껏 누릴 수 있는, 그런 인물이 일반적인 독신자를 의미하는 것일까.

적어도 이런 남자라면 선택받은 독신자에 속한다. 독신자 중에서도 경제적, 정신적으로 다른 독신자보다 여유 있는 생활이 가능한 부류라는 의미다. 실제 2015년 1인가구의 절대빈곤율, 즉 월 최저생계비 62만 원 이하로 생활하는 비율은 40%를 웃돈다.

여기서 1인가구의 39%가 30대 미만의 청년층이라는데 주목할 필요가 있다. 한국 경제활동의 허리가 되어야 하는 이들이 살인적인 주거비를 홀로 감당해야 하는 처지에 놓여있다는 것이다.

따라서 독신자란 자신이 원하는 대로 현재와 미래의 삶을 마음대로 조리할 수 있는 자만을 상징하는 것이 아님이 분명하다. 그렇다면 우리는 어떤 사람을 독신자라고 말하는 것일까.

나는 미스터 독신자입니다

사회에는 두 가지 부류의 사람들이 존재한다. 독신자와 독신자가 아닌 사람. 뭐 틀린 말은 아니다. 하지만 이러한 이원론적 분류는 사고의 동맥경화 현상을 일으키는 원인이다. 세상에는 경계가 모호하거나 경계에서 방황하는 중간자가 존재한다.

따라서 우리가 사는 세상에는 완전한 독신자도, 완전한 비독신자도 존재하지 않는다.

독신자의 사전적 의미는 '배우자가 없이 혼자 사는 사람'이다. 다시 배우자의 사전적 의미를 찾아보면 '부부의 한쪽에서 본 다른 쪽'으로 나와 있다. 독신자란 부부라는 형식을 취하지 않고 혼자 사는 사람을 의미한다. 그렇다면 동거하는 커플은 독신자일까.

여기에서 경계인의 숙명인 모호함이 등장한다. 유교문화권이 자리 잡은 한국에서 동거란 무척이나 불편한 현실이다. 뒤로는 호박씨를 까더라도 앞에서는 상투를 틀고 천자문을 읽어줘야 체면이 선다는 말이다.

하지만 프랑스의 경우를 엿보면 이야기가 달라진다. 프랑스는 시민연대계약이 존재하는 사회다. 연대계약이란 법적으로 동거를 인정하는 제도로서 세금과 사회보장 등에서 법률혼과 같은 혜택을 받을 수 있는 호혜적 계약형태다.

결혼뿐만 아니라 동거 또한 사회적 제도로서의 가치를 인정하는 나라가 프랑스다. 이쯤에서 부럽다고 외치기는 좀 그렇고, 속으로 부럽다고 중얼거리는 당신은 옛날 사람이다.

어쨌든 부부가 아닌 사람을 독신자라고 가정한다면 동거커플은 모두 독신자다. 하지만 동거커플이 혼자 사는 사람이 아니기에 이들을 독신자로 정의하는 것은 무리다. 동거를 프랑스처럼 사회제도로 용인하는 순간, 독신자라는 사회적 정의 또한 새롭게 바뀌어야 한다.

한국인이
가장
사랑하는 화가

한국인이 가장 사랑하는 서양화가를 꼽으라면 파블로 피카소와 함께 빈센트 반 고흐를 빼놓을 수 없다. 〈해바라기〉(1888), 〈별이 빛나는 밤〉(1889), 〈반 고흐의 방〉(1889), 〈아를 포럼 광장의 카페 테라스〉(1888), 〈자화상〉(1889), 〈꽃 피는 아몬드 나무〉(1890), 〈감자 먹는 사람들〉(1885)에 이르기까지. 고흐의 작품들은 롤러코스터 같았던 자신의 삶처럼 세상의 미술애호가들에게 잊을 수 없는 인상을 남겼다.

1853년 네덜란드 브라반트(Brabant) 북쪽 마을인 그루트 준데르트(Groot Zundert)에서 태어난 고흐. 그는 미술상의 도제로 들어갔다가 빈민구제에 뜻을 품고 기독교에 입문한다. 기독교 학교에 입학한 그는 한때 설교자의 삶을 지향하기도 하지만 결국 미술과의 인연을 다시 이어간다. 쥘 브르통이라는 화가의 수하로 들어가 1885년까지 약 200여 점의 유화를 남긴다.

고흐는 1886년 이후 본격적인 화가의 삶을 선택한다. 예술의 도시인 파리로 이동하여 고갱을 포함한 후기 인상주의 화가들과 교류를 시작한다.

1890년 38세라는 짧은 생을 마칠 때까지 독신자의 삶을 살았다. 그의 치열한 내면세계와는 달리 사회에서 이름 없는 화가를 바라보는 잣대는 가난, 초라한 외모, 병력, 낮은 학력 등에 머물렀다. 웃기는 일이지만 세상은 늘 껍데기에만 관심이 있었다. 한편 고흐는 자신의 열정을 남김없이 불살랐던 작품활동처럼 사랑하는 여인이 있었다.

사랑은 언제나 타이밍이다

첫 번째 여인은 고흐가 16세가 되던 해에 등장한다. 고흐보다 3살 연상의 유지니라는 인물이었다. 고흐는 당시 숙부와 함께 화랑 일에 전념하고 있었다. 유지니는 고흐가 화랑 일로 영국 출장을 가서 알게 된 여인이었다. 영국의 하숙집 딸이었던 유지니는 아쉽게도 사랑하는 남자가 있었다.

사랑에도 타이밍이 존재한다. 고흐는 젊은이의 열정 하나로 유지니에게 사랑을 고백했지만 결과는 거절이었다. 유지니는 고흐라는 인물에 대해서 별 관심이 없었다. 실연의 아픔을 안은 채, 고흐는 영국 켄트지방의 보조교사로 일한다.

그 후 고흐는 런던의 존스 신부 수하로 들어가 설교자로 활동한다. 일을 통해서 자신감을 회복한 고흐. 그는 다시 유지니를 찾아가지만 결과는 마찬가지였다. 그녀는 이미 약혼자와 결혼한 상황이었다. 이때부터 고흐는 본격적으로 종교와 미술창작 활동에 몰두한다. 실연의 고통을 잊기 위한 일종의 선택이었다.

고흐의 두 번째 사랑은 사촌누이였던 케이였다. 당시 유럽사회는 친척간의 결혼을 인정하는 문화였다. 연약한 남동생을 거느린 가난한 화가 고흐. 케이는 남편을 여의고 자식마저 잃은 상황에서 고흐가 살고 있던 집에 머물렀다. 삶의 고통을 겪으면서 성숙해진 케이라는 여인은 고흐의 생을 구원해줄 아가페적인 인물이었다.

고흐의 절절한 사랑 고백에도 케이는 변변한 직업이 없는 고흐를 받아들일 수가 없었다. 그녀는 암스테르담으로 떠난다. 고흐는 다시 암스테르담에 거주하는 케이에게 사랑을 고백하는 편지를 보낸다. 아쉬움이 남았던 것이다.

결국 고흐는 남동생에게 돈을 빌려 암스테르담을 방문한다. 하지만 그녀는 그곳에 없었다. 고흐가 방문한다는 정보를 들은 케이가 고흐를 피하려고 암스테르담을 떠난 뒤였다.

고흐는 동생 테오에게 쓴 편지를 통해서 당시의 복잡한 심경을 토로하고 있다.

> "사랑에 빠진다는 것은 얼마나 대단한 일이냐.
>
> 나는 사랑 없이는 살 수 없고, 살지 않을 것이고, 살아서도 안 된다.
>
> 나는 열정을 가진 남자이며 그러기에 여인이 필요하다.
>
> 그렇지 않으면 나는 얼어붙거나 돌로 변할 것이다."

고흐의 세 번째 사랑은 시엔이라는 여인이었다. 그녀는 아이가 있으며, 또 다른 남자의 아이를 임신한 매춘부였다. 게다가 술독에 빠진 복잡한 인물이었다. 그럼에도 고흐는 시엔과 아이를 자신의 가족처럼 돌봐주고 사랑했다. 그는 그들을 소재로 40여 점의 작품을 남긴다. 시엔과의 연애도 잠시, 고흐는 경제적으로 불안정한 상황에 부딪힌다.

결국 작품활동을 위해서 시엔의 곁을 떠난다. 고흐 자신을 거부했던 두 명의 여인과 달리 이번에는 고흐 스스로 사랑을 포기한 상황이었다.

고흐의 네 번째 사랑은 마르호트 베어라는 여인이었다. 마르호트 베어는 고흐보다 무려 열 살이나 연상이었다. 그녀는 부유한 섬유공장의 딸이었던 관계로 고흐가 만났던 여인들 중 정신적으로나 사회적으로 가장 안정된 환경에서 성장한 인물이었다.

그녀는 병마에 시달리는 고흐의 어머니를 간호하기 위해서 고흐의 집에 방문한다. 마르호트 베어에 반해버린 고흐. 그녀는 고흐의 연정을 받아들인다. 하지만 그것도 잠시. 이번에는 마르호트의 아버지가 반대에 나선다. 가난한 화가와 결혼하기 위해서 자살시도까지 하는 마르호트 베어. 고흐의 네 번째 연인은 집안의 반대로 그의 곁을 떠난다.

그 후에도 고흐의 고달픈 연애사는 멈추지 않는다. 프랑스 몽마르트르에 있던 카페의 주인인 세가토리와 고흐의 말년에 그를 지켜주던 앨리스 미치먼이 고흐의 연인들이었다. 슬픔은 슬픔을 낳는다고 했던가. 이미 사랑과 이별의 상처에 익숙해진 그에게 더 이상의 사랑은 없었다.

천국에서
쏟아지는
보라색
빛줄기

고흐는 말년 무렵에서야 단 하나의 작품을 판매하고 세상을 떠난다. 작품 하나에 수백억 원을 호가하는 작금의 상황을 하늘나라에 있는 그가 알게 된다면 어떤 생각을 할까.

고흐는 독신자의 삶을 추구했던 인물은 아니었다. 사랑하는 이와 평생을 함께 살고 싶었던 비운의 화가가 바로 고흐였다. 그의 말년의 삶은 어쩌면 외롭고 고통스러웠겠지만, 그가 붓을 움켜쥐고 그림을 그릴 때에는 천국에서 쏟아지는 보라색 빛줄기가 팔레트를 아름답게 적셔주고 있지 않았을까.

참고문헌

1. 인고 발터 지음, 『빈센트 반 고흐』, 유치정 옮김, 마로니에북스, 2005.

2. 존 리월드 지음, 『인상주의의 역사』, 정진국 옮김, 까치, 2006.

3. 에른스트 H. 곰브리치 지음, 『서양미술사』, 백승길, 이종승 옮김, 예경, 2007.

구스타프 클림트

14건의 친자확인소송

예술의전당에서
만난 사람

화가 클림트의 원작과 처음 만났던 시기는
2009년, 장소는 예술의전당이었다. 직장생활과 함께 병행했던 H 대학교
문화예술경영대학원 1학기 시절이었다. 미술경영 강의를 맡았던 교수님
이 큐레이터로 참여했던 전시회의 주인공이 바로 클림트였다.

당시만 해도 클림트는 작품 〈키스〉를 그린 평범한 화가라는 게 내 생
각이었다. 많은 여성이 클림트의 작품에 한결같이 호감을 보이는 현상을
한순간의 유행 정도로 치부했다. 아마도 유행이라면 무조건 멀리하고 보
는 자폐적인 성향이 클림트에 대한 비호감으로 작용하지 않았나 싶다.

아서 단토가 말했듯이, 클림트의 작품세계를 유행상품 정도로 평가 절하했던 내 선입견이 틀렸다는 것을 깨닫는 데는 그리 오랜 시간이 걸리지 않았다. 사람들은 거장의 미술작품을 재현의 방식을 통해서 먼저 접하고는 한다.

여기에서 말하는 재현이란 작품의 아우라가 거세된 형태, 즉 원본이 아닌 모조품을 의미하는 것이다. 사람들은 이러한 재현의 과정을 통해서 작품에 대한 선입견을 키운다.

아무리 번듯한 모조품이라도 진품에서 쏟아져 나오는 아우라를 모방하는 데에는 한계가 있다. 너훈아가 아무리 노래 '잡초'를 간드러지게 부른다 해도 나훈아의 '잡초'만 못하고, 부곡 하와이가 아무리 그럴듯하다고 해도 진짜 하와이만큼 멋질 수는 없다.

나는 클림트의 진품을 접하는 순간, 재현이 아닌 진품에서 풍겨 나오는 아우라에 무장해제되었다.

어느
신비주의자의
초상

오스트리아 출신의 화가 클림트는 신비주의자였다. 그는 생전에 자신의 작품에 대해서 어떠한 설명도 하지 않았으며, 매체와의 인터뷰 또한 철저하게 거부했다. 이러한 작가의 신비주의적 성향 때문에 그의 작품세계는 늘 미술애호가들에게 동경의 대상이었다.

클림트는 1862년 빈 근처의 바움가르텐에서 태어난다. 그는 보헤미아 출신의 귀금속 세공사였던 아버지와 음악가인 어머니 아래에서 성장한다. 아버지의 직업에 영향을 받았던 클림트는 금을 이용하는 모자이크 작업과 음악적 요소를 작품에 차용하는 방식을 자신의 예술세계에 응용한다. 클림트 불후의 명작으로 알려진 〈베토벤 프리즈〉 역시 종합예술을 지향하는 작가의 의도를 인지할 수 있는 작품이다.

실존했던 예술가를 소재로 한 영화들이 쉬지 않고 제작되듯이, 클림트의 일대기도 영화로 제작되었다. 나는 영화 〈클림트〉를 지금은 사라진, 종로 근처의 극장에서 보았다.

영화를 보다가 중간에 상영관을 빠져나온 적이 지금까지 두 번인가 있었다고 기억한다. 한 번은 명동에서 해리슨 포드가 나오는 영화 〈인디아나 존스 3〉를 보던 중이었다. 영화가 재미없었다는 것은 아니고, 영화를 보기 전에 낮술로 마신 고량주가 화학작용을 일으킨 게 원인이었다. 안주삼아 급하게 먹은 짜장면이 영화를 보던 중 분노의 역류를 시작한 거다. 나는 연식이 다 된 용가리처럼 코에서 술 냄새를 뿜으면서 극장 화장실로 달려갔다. 메슥거리는 속을 콜라로 달래면서 친구가 영화를 다 볼 때까지 상영관 입구에서 어슬렁거려야 했다.

두 번째가 바로 영화 〈클림트〉였다. 클림트 역은 성격파 배우 존 말코비치가 맡았다. 기대 반, 설렘 반의 마음으로 극장을 찾았다. 근데 웬걸. 영화가 시작한 지 30여 분이 지났는데 줄거리는커녕 감독이 무엇을 말하고자 하는지 도무지 감이 잡히지를 않았다. 클림트의 몽환적인 정신세계를 보여주고자 했는지 초반부터 눅질한 영상이 시야를 어지럽혔다. 도대체 알 수 없는 이 불쾌한 느낌은 뭐냐. 명동에서처럼 고량주를 사이다처럼 들이킨 것도 아닌데 묵직한 역겨움이 온몸을 휘감았다.

전시회에서 만난 클림트의 작품은 미디어나 복제품에서 느꼈던 분위기와는 확연히 달랐다. 텔레비전에서만 보던 야구선수 박찬호를 코앞에서 만나는 기분이랄까. 참고로 2013년 여름, 나는 부암동 서울미술관에서 진짜로 박찬호를 만났다. '박찬호 전시회' 마지막 날이었다. 우리는 사이좋게 기념촬영까지 했다. 어쨌거나 클림트의 원작들은 독특하면서도 매력있는 색감과 분위기를 자아내고 있었다.

그는 어떤 단체와는 어울리지 않는 고집 센 인물이었다. 또한, 보헤미안처럼 어떤 환경에도 얽매이고 싶어하지 않은 예술가였다. 외골수적인 성향을 바탕으로 그는 독창적인 예술세계를 구축해나갔다. 클림트는 작품 〈키스〉(1907~1908), 〈다나에〉(1907~1908) 등 이른바 '황금시기'의 대작과 풍경화들을 하나씩 완성해 나간다.

연애술사인가, 예술지상주의자인가

클림트는 수많은 여인과 만나면서도 평생 결혼을 하지 않았다. 그가 세상을 떠나기가 무섭게 무려 14명의 여성이 친자확인소송을 냈다고 하니, 이 얼마나 무지막지한 초절정 정력가란 말인가. 요즘 말로 가진 것이라고는 불알 두 쪽과 그림 그리는 재주가 전부인데. 그렇다고 앤디 워홀처럼 그림 팔아서 갑부행세를 하며 살았던 것도 아닌데 말이다.

그는 자신의 작품에 등장하는 모델들과 연애행각을 멈추지 않았다. 이 시점에서 누가 클림트의 진정한 사랑이었느냐는 중요하지 않다. 클림트의 연인들이 수십 명이라고 해서 그가 결혼제도 자체를 초월한 이상주의자라고 단정 짓기는 어렵다.

결혼하지 않았다고 무조건 몽상가라는 법은 국민교육헌장에도, 민법 총칙에도 나와 있지 않다. 클림트는 그냥 클림트다운 인생을 열심히 살았을 뿐이다. 결혼이 당연한 삶의 방식이라고 인정하는 순간, 인간사는 지루하고 건조해지기 마련이다. 클림트는 클림트이고, 결혼은 그냥 결혼일 뿐이다.

나체의 여성들이 모델로 등장하는 그의 작품은 생전에도 외설시비에 시달렸다. 요즘이야 에로티시즘과 포르노를 구별하는 일이 일반적이지만 당시만 해도 실존하는 여성의 나신을 묘사하는 행위는 일종의 금기이자 비난의 대상이었다. 하지만 어쩌랴. 모든 금기에 도전하는 일이 예술가의 숙명인 것을.

클림트는 죽기 전까지 자신의 사생활을 좀처럼 외부에 알리지 않았다. 요즘으로 따지면 신비주의 마케팅에 능숙했던 인물이었다. 낭만주의 작곡가 구스타프 말러와 함께 오스트리아를 상징하는 예술가인 구스타프 클림트는 색채의 마술을 통해서 후대인들에게 즐거움을 선사하고 있다.

이제는 클림트의 작품들을 지갑, 손수건, 마우스 패드, 휴대폰 보호기, 시계, 거울, 가방, 자석, 그릇, 엽서, 메모지, 우산, 볼펜 등 어디에서나 구매할 수 있다. 클림트가 지금의 시대로 돌아온다면 놀라고도 남을 일이다. 클림트의 작품은 대중의 사랑을 뛰어넘어 문화코드이자 일종의 상징매체가 되었다.

21세기
결혼의
사회학

주색잡기에 빠져서 40살을 훌쩍 넘긴 시점에서야 늦깎이 결혼을 한 친구가 있다. 총각시절 술집에 바친 돈이 번화가 오피스텔 한 채 값을 훌쩍 넘는다고 하니 어지간히 퍼마신 모양이다.

결혼한 지 1년도 지나지 않아서 이혼이네, 어쩌네, 시끄럽다가 지금은 비교적 조용히 지내고 있다. 재작년에는 둘째 아들까지 낳았다. 와이프가 살림꾼인지 결혼 이후에는(당연한지도 모르겠지만) 자정을 넘기면서까지

술을 마시자고 조르거나, 비싼 양주나 수입맥주를 척척 주문해대는 호기도 사라졌다.

아직도 녀석은 고주망태로 홍대 거리를 떠돌던 솔로 시절이 그리운 걸까. 녀석은 취기가 오르면 간혹가다 '다시 태어나면 난 무조건 혼자 살 거야.'라는 일갈을 날리고는 한다.

결혼도, 혼자 사는 일도, 모두 사람의 일이다. 결혼의 아늑함도, 혼자 사는 자유로움도, 모두 손아귀에 쥐고 살 수는 없다. 사람의 생이 불행해지는 이유는 욕심이 없기 때문이 아니다.

아무리 자기계발 서적에서 욕심을 가지라고 외친다고 해도 인간이 불행해지는 원인은 욕심과잉으로 인한 비극이 대부분이다. 주관 없이 지르고 보는 결혼도, 무작정 결혼이 두려워서 혼자 사는 일도, 일종의 욕심의 발로다. 남들에게 보이고 싶은 욕심, 자신에게 허세 떨고 싶은 욕심, 지인들의 삶을 복제하고 싶은 욕심까지. 결혼도, 혼자 사는 일도, 무엇 하나 만만치 않다.

녀석은 20대 시절, 운동신경이 매우 뛰어난 편이었다. 족구시합을 하면 그라운드를 용수철처럼 날아다녔고, 고등학교 시절에는 학급대표 씨름선수였을 정도로 몸놀림이 예사롭지 않았다. 그런데 결혼 후에 몸무게가 무려 15킬로가 늘었다. 이제는 늘어난 뱃가죽을 감당하지 못해 바지 자크를 제대로 잠그지를 못한다고 하소연이다.

이제는 50미터 정도의 거리를 걷기만 해도 숨을 헐떡거릴 정도로 저질체력의 소유자가 되었다.

많은 남자가 결혼 이후에 푸석푸석하게 살이 찐다. 성호르몬이 무더기로 분비되는 것인지, 아니면 삶이 여유롭고 편해서인지, 그것도 아니면 결혼 스트레스를 오로지 먹는 행위로 해결하려는 것인지 잘 모르겠다.

중요한 것은 결혼하든, 포기하든, 보류하든, 안 하든 간에 자신의 선택이 공수표가 되지 않도록 남아 있는 삶을 소중히 가꾸어 나가는 것이 아닐까 한다.

그대가 독신자이든 아니든 간에 모든 선택에는 책임이 따른다. 그 책임을 기꺼이 감수할 때, 우리는 새로운 세상과 마주할 수 있다.

코코 샤넬

그녀가 사랑했던 모든 것

여기는
서울,
명동입니다

"**여기는** 서울입니다. 겨울을 재촉하는 보슬비가 소리 없이 내리고 있네요. 도로를 가득 메운 차량, 커다란 빌딩 숲 사이에서 도도한 자태를 뽐내고 있는 백화점, 그 백화점 정문 사이로 쉴 새 없이 오가는 사람들. 세상은 정말이지 많이도 변했군요. 걸음을 옮겨 백화점 매장으로 들어가 봅니다. 이곳에는 내가 살았던 도시의 여자들과 다른, 마른 체형의 멋쟁이들이 여럿, 눈에 띄네요. 아아 저기 매장이 보입니다. 발걸음이 빨라집니다. 이곳에 오기를 정말 잘했다는 생각이 드네요.

69

나는 지금 세상에서 가장 맑고 시원한 미소를 짓고 있습니다.

네. 그렇습니다. 내가 바로 코코 샤넬이라고 알려진 가브리엘 샤넬입니다. 여러분은 패션이라고 하면 어떤 단어가 떠오르나요. 맞습니다. 패션은 감각입니다. 똑같은 천으로 속옷을 만들 수도 있고, 멋진 외투를 만들 수도 있습니다. 패션은 바로 감각을 동반한 일종의 마술이기도 하죠. 조금 어렵나요. 그렇다면 제 이야기를 먼저 꺼내야겠네요. 잠시 물을 마시겠습니다. 내게 물이란 패션처럼 단순함을 의미하는 일종의 기호입니다.

All
Is
Lost

1883년 8월, 프랑스 남서부에 있는 소미르라는 마을에서 태어났습니다. 당시 내 부모는 결혼식을 안 올린 상태였지요. 잘은 모르지만 아버지 알베르가 자유로운 영혼이었기 때문이 아닌가 싶습니다. 이런 외중에 내가 태어난 다음 해 가을, 내 부모는 정식으로 결혼식을 올립니다. 한국문화로는 이해하기 힘들겠지만, 어머니 쟌이 지참금을 내면서까지 성사된 결혼식이었어요.

아버지는 전형적인 한량이었습니다. 그가 좋아하는 것은 푸짐한 음식, 도박, 포도주, 여행이었지요. 알베르는 틈만 나면 집을 비우고 외지생활을 반복했답니다. 그런 상황에서 동생 알퐁스와 앙투아네트 그리고 뤼시앵

이 태어났습니다. 안타깝게도 여섯 번째 동생은 태어나서 몇 주밖에 살지 못하고 세상을 떠났습니다.

1895년은 정말이지 생각하기 싫은 해입니다. 어머니가 겨우 33살의 나이로 이승에서의 삶을 마감한 사건이 일어난 해이니까요. 내 나이 겨우 12살에 벌어진 비극이었습니다. 지방에서 체류하던 알베르는 장례식에도 나타나지 않았습니다. 가족의 불행은 여기에서 그치지 않았어요. 알베르가 우리를 수녀원에 보낸 것입니다. All is lost. 나는 모든 것을 잃었다고 생각했어요. 난 말이죠. 마치 죽음과도 다를 바 없는 삶의 낭떠러지에 선 기분이었습니다.

당시 난 아버지뿐 아니라 형제들에게 크고 작은 불만이 있었어요. 그들은 모두 수명을 다한 건전지처럼 매사에 생기도 열정도 없는 사람들이었으니까요. 난 형제들보다 수녀원의 설립자였던 에티엔 사제를 믿고 따랐습니다. 그에게서 느껴지는 신성성은 언제나 커다란 힘이 되었어요. 이 정도로 어린시절 이야기는 마치도록 하죠. 자꾸 눈물이 앞을 가리네요.

18살의 나, 가브리엘은 가녀린 얼굴을 한 날씬한 처녀가 되어 있었어요. 요새야 나 같은 체형의 미인들이 많다지만 당시만 해도 풍만한 가슴과 두툼한 살집이 있는 여인들이 미인의 전형이었습니다. 그렇다고 내가 매력이 증발해버린 종이껍데기 같은 여자는 아니었어요. 까칠하고 공격적인 성향의 가브리엘은 점점 독립적인 여자로 변해가고 있었다는 말입니다.

세상
속으로
조금씩

1902년, 기숙사를 떠납니다. 여기서부터 인생에 커다란 변화가 오는데요. 인생에서 처음으로 직업을 가지게 되었다는 것입니다. 내가 일하던 곳은 '생트마리'라 불리던 자그마한 의류상점이었어요. 여기는 내가 성장했던 수녀원과는 매우 다른 곳이었습니다. 도시의 활기가 흘러넘치는 상업지구였다는 말입니다.

이곳에서 잃어버린 삶의 활기를 되찾게 됩니다. 부수적으로 아버지에 대한 원망도 조금씩 사그라지게 됩니다. 그의 끊임없는 방랑벽을 가슴이 아닌, 머리로나마 이해하게 된 것이죠.

처음에는 귀족 출신 손님들에게 끊임없이 굽실거리는 주인 부부를 이해하지 못했어요. 정말이지 숨이 턱턱 막힐 지경이었으니까요. 나는 의류상점의 종업원으로 생을 마감하고 싶지 않았습니다.

그러려면 자신만의 삶의 방식을 찾아야만 했어요. 결국, 주인 몰래 일부 손님들의 드레스와 치마를 제작해주었어요. 솔직히 주인 아래서 매일 10시간을 꼬박 일해 봐야 손에 쥐는 돈은 의식주를 겨우 해결할 정도였으니까요.

그렇다고 종일 일에만 파묻혀 살지는 않았어요. 누구보다도 뜨거운 20대를 보내고 싶은 여자였으니까요. 내가 살았던 번화가에는 '로롱드'라 불리는 뮤직홀이 있었죠. 지금으로 따지면 클럽 정도가 아닐까 싶네요. 그곳에서 로롱드 무대에서 노래를 불렀습니다. 비록 미성은 아니지만 나름 허스키한 목소리를 가지고 있었고요. 내 외모에 관심을 보이는 남자들에게 노래의 매력까지 덤으로 보이고 싶었으니까요.

이곳에서 〈코코가 트로카데로에서 누구를 만났기에〉라는 노래를 불렀는데요. 당시 반응은 한국의 〈나는 가수다〉 출연자 못지않을 정도였어요. 문제는 이 노래 때문에 별명이 코코가 되어 버린 것입니다. 솔직히 코코라는 별명을 그리 좋아하지 않았어요. '코코'라는 어감이 그다지 멋져 보이지 않았으니까요.

코코 샤넬이 로롱드에서 노래를 한다는 소문이 조금씩 퍼지기 시작합니다. 그제야 처음으로 나라는 존재에 대해서 자신감을 가지게 됩니다. 코코라는 여인이 로롱드에서 노래한다는 소문은 주인부부한테까지 들어갑니다. 그들은 매몰차게 나를 해고해버리죠. 상점의 이미지에 어울리지 않는다고 생각한 모양입니다.

그렇지만 애초부터 상점의 재봉사로 생을 마치고 싶지 않았어요. 그 때문에 해고를 커다란 비극으로 받아들이지는 않았어요. 당시 샤넬이 만드는 옷을 사려는 단골고객들이 있는 상황이었어요. 내 재능을 인정해주는 고객들이 있지 않았다면 생활이 쉽지 않은 상황이었지요. 지금도 그들에게 고마운 마음을 가지고 있습니다.

나는 자신의 의지와 능력만으로 스스로 삶을 개척해냈습니다. 한 가지 더 있네요. 로롱드에서 나를 1년 동안 전속 가수로 채용했다는 거죠. 당시는 즐거웠지만, 계약기간을 마치자 노래하는 일에도 실증을 느끼게 되었답니다. 이유가 궁금한가요. 가수가 평생의 목표가 아니라고 생각했기 때문이랍니다.

이후 물랭이라는 도시에서 다시 고객의 옷을 만드는 일을 합니다. 24살 무렵입니다. 아마 그때부터 나, 코코 샤넬은 성공인자가 본격적으로 가동했던 것 같아요. 직선적인 말투와 열정 그리고 개성만점의 유머감각은 아무 여자나 흉내 낼 수 없는 것이었죠. 이건 비밀인데요. 나는 정말이지 끝도 없이 하늘을 향해 올라가고 싶은 욕망이 넘치는 여자였어요.

나를
사랑했던
남자

이제 그 남자이야기를 할 차례군요. 에티엔. 내 연인이자 친구. 어떤 이들은 내가 그의 정부였다고 하는데 그런 저급한 표현은 삼갔으면 합니다. 미리 경고합니다. 난 어떤 남자를 좋아할지언정, 그의 아래로 들어가는 일은 절대 원하지 않았으니까요. 코코 샤넬이 그 정도로 단순한 여자였다면 가게 점원으로 평생을 보냈을지도 모르는 일이죠.

에티엔의 취미는 경마였어요. 요즘 중국갑부들이 골프에서 경마로 취미를 옮기는 중이라던데요. 에티엔은 이미 100년 전에 호사취미를 가지고 있었던 셈이네요. 당시만 해도 계급 차이가 엄청났답니다. 에티엔은 돈 많고 시간 많은 귀족, 나는 수녀원 출신의 재봉사. 어떤 느낌이 드시나요. 그렇다고 내가 에티엔에게 영혼을 내려놓은 적은 분명히 없답니다.

조금 더 정확히 말하자면 그를 사랑한 적이 없었습니다. 에티엔은 돈 많은 독신자였답니다. 그는 밝고 낙천적인 성격의 소유자였습니다. 당연히 나 말고도 그를 추종하는 여자들이 여럿 있었습니다. 다행인지 모르겠지만 에티엔은 내게 호감을 보였어요. 덕분에 그의 도움으로 경마를 배우게 되었지요.

물론 나라는 여자를 우습게 보고, 무시하고, 차별하는 부류들이 적지 않았어요. 하지만 코코 샤넬은 이런 상황조차도 세상을 배우는 기회라고 받아들였어요. 모름지기 최후의 승자가 중요한 거니까요.

에티엔과의 만남은 계속되었지만 그에게 조금씩 거리감을 느끼게 됩니다. 경제적으로 안정을 찾기 시작한 삶도 내게는 공허한 일상이었어요. 1년 가까이 우울한 감정에 빠져 지냈으니까요. 여기에서 만족할 수 없다는 욕망이 나를 흔들어 깨우고 있었습니다.

내가 사랑했던 남자

여기에서 두 번째 남자를 말할 차례가 왔습니다. 아서 카펠. 초록빛 눈을 한 이 영국신사는 내 마음을 흔들어놓기에

충분할 정도로 강인하고 잘생긴 남자였으니까요. 그렇다고 내가 사랑에 인생을 송두리째 던질 만큼 감정적인 여자는 아니었어요. 일에 대한 갈망이 다시 나를 부르고 있었으니까요. 나는 1909년 봄, 파리에 도착합니다. 드디어 문화예술의 도시인 파리에서 내 의류상점을 열게 된 것입니다.

내가 의욕적으로 디자인한 것은 모자였어요. 단순하면서도 개성이 넘치는 모자. 내 작품을 사기 위해서 호기심이 동한 여자들이 상점으로 몰려왔지요. 이번에는 카펠의 경제적 도움으로 〈샤넬 패션〉이라는 간판을 상점에 올리게 됩니다.

카펠. 그를 만난 것은 인생에서 가장 큰 행운이었어요. 우리는 평범한 연인들처럼 사랑에 모든 것을 바치는, 그런 순애보적인 관계는 아니었습니다. 그를 통해서 문학과 예술을 알게 되었지요. 다시 카펠의 후원으로 파리가 아닌, 바닷가 도시 도빌에서 〈가브리엘 샤넬〉이라는 의류점을 열게 됩니다.

이미 파리에서 모자 디자이너로 명성을 단단히 얻은 상태였기에 사업은 순조롭게 진행됐습니다. 거만하게 들릴지 모르지만, 행운이라기보다 능력의 결과물이라고 말하고 싶어요.

1914년. 유럽을 뒤흔드는 사건이 벌어집니다. 4년간 이어진 제1차 세계대전. 샤넬은 일을 멈추지 않았어요. 당시 비아리츠, 도빌, 캉봉거리에 상점을 운영했어요. 전쟁통에서도 귀족들은 내가 만드는 옷을 사려고 줄을 섰답니다. 고맙고 기쁜 일이었어요. 여기에다가 스페인 귀족들까지 구매대열에 합류하게 되죠. 코코 샤넬이 프랑스뿐 아니라 유럽에서도 알아주는 디자이너가 된 겁니다. 이제는 60명의 재봉사로도 옷을 생산하는데 벅찰 지경에 봉착합니다.

나는 재봉사에서 디자이너로, 다시 디자이너에서 사업가로 변신합니다. 이제는 돈에 대해서 연연하지 않아도 될 정도로 많은 재산을 모으게 되죠. 카펠의 은행계좌에 지금까지 받았던 돈을 모두 송금할 정도였으니까요. 솔직히 카펠에게 이런 식으로 자립심이 강한 여자라는 것을 보여주고 싶었어요.

이제 생애를 통틀어 가장 커다란 의미였던 사랑의 마지막을 말할 차례군요. 일단 심호흡을 해야겠어요. 1919년 12월이었습니다. 카펠이 운전 중 교통사고로 두개골이 골절되어 싸늘한 시체로 발견되었다는 소식을 들었죠. 나는 카펠이 다른 여자와 결혼한 이후에도 연인관계를 지속해왔습니다. 그 정도로 카펠과의 사이에는 사랑 그 이상의 공감대가 형성되어 있었어요. 하지만 그는 불귀의 객이 되었습니다.

나는 사고 장소로 달려가 몇 시간 동안 쉬지 않고 눈물을 흘렸습니다. 그날은 말이죠. 생애 가장 많은 눈물을 쏟은 날입니다. 그는 샤넬이 유일하게 사랑했던 남자였습니다.

인생을
디자인하다

이후 사업은 번창을 거듭하죠. 유럽 전체를

죽음의 도가니로 몰아넣은 제2차 세계대전도 내 사업에 장애가 될 수는 없었어요. 이건 비밀인데요. 전시에 내가 지냈던 호텔 옆 방에 나치스 임시 거처가 있었지요. 이 때문에 오랫동안 나치스에 동조한 타락한 사업가라는 손가락질을 받아야 했어요. 지금까지도 커다란 상처로 남아 있는 부분이죠. 이 이야기는 그만하고 싶네요.

그 후 인간 코코 샤넬을 좋아하는 사람들을 알게 되었죠. 음악가 스트라빈스키, 작가 장 콕도, 미술가 달리, 정치가 처칠, 미술가 피카소, 드미트리 대공, 시인 로베르디, 영화감독 베르톨루치, 웨스트민스터 공작, 사진작가 브라사이, 미술가 브라크. 정말이지 기라성 같은 사람들입니다. 시대를 앞서 간 인물들이기도 하고요.

어찌 보면 나, 코코 샤넬이 20세기 유럽문화의 경계를 넘나들었던 여자라는 생각이 들 정도네요. 장 콕도는 날 변덕스럽고, 극단적이며, 유머러스하고, 친절과 관대함이 있으면서도 비인간적인 면이 공존하는 여인이라고 말했죠.

하지만 그 누구도 카펠과는 비교할 수 없었어요. 사랑은 받아본 사람만이 그 가치를 아는 법이죠. 누구도 사랑을 포장하거나 조작할 수 없어요. 사랑은 반딧불처럼 있는 그대로 자연발광을 하는 법입니다. 결국, 나는 사업, 모임, 디자인에 빠져 살았지만, 그 틈을 비집고 들어오는 외로움에는 속수무책이었어요.

스무 살의 얼굴은 자연이 만들어주는 것이고, 서른 살의 얼굴은 삶이 만들어주는 것이지만, 쉰 살의 얼굴은 자기 자신이 만드는 것이라는 말을 한 적이 있어요. 무슨 의미인지 다들 아시겠죠. 나이가 들수록 자신의 모습을 찾지 못한다면 텅 빈 껍데기로 노년을 살아갈 수도 있다는 말입니다. 지금도 늦지 않았어요. 예전처럼 여러분에게 코코 샤넬의 매서운 독설을 퍼붓고 싶지만, 이제는 그럴 만한 마음의 이유가 없네요. 나는 이미 이 세상 사람이 아니니까요.

나는 71살의 나이로 다시 패션디자이너 코코 샤넬로 복귀합니다. 그리고 죽는 날까지 일하는 여자로 생을 보냈습니다. 이제 와서 생각해보니 그 모든 열정이 결국 사람의 일이 아니었나 싶네요.

아무리 성공에 성공을 거듭하고, 디자이너로서 시대를 앞서 갔다고 해도 나는 결국 한 남자를 사랑했던 평범한 여자였죠. 말하는 사이 보슬비가 그쳤네요. 겨울을 재촉하는 차가운 바람이 명동거리를 가득 메우고 있습니다. 비록 짧은 시간이었지만, 부족한 내 이야기에 귀 기울여 줘서 진심으로 고맙다는 말을 전하고 싶네요. 그리고 사랑한다는 말도 함께 건네고 싶습니다. 이만 마칩니다."

참고문헌

1. 앙리 지델 지음, 『코코 샤넬』, 이원희 옮김, 작가정신, 2008.

2. 카렌 카보 지음, 『워너비 샤넬』, 웅이영래 옮김, 웅진윙스, 2010.

장 폴 사르트르

계약결혼의 창시자

결혼하지 않는 사람들

후배 중에서 올해로 11년째 한 명의 여자와 연애하고 있는 녀석이 있다. 여자가 얼마나 좋았으면 하루에 100만 원을 넘게 쓸 수가 있을까. 말하나 마나 돈으로 사람의 마음을 살 수는 없다. 녀석은 부모로부터 거액의 재산을 물려받는 인물도 아니며, 로또복권이 터진 행운남도 아니며, 사업이 번창해서 감당할 수 없을 만큼 돈이 넘쳐나는 인물도 아니다. 좋아하는 이성에게 뭔가를 보여주고 싶었던 모양인데 그것이 돈쓰기가 아니었나 싶다.

그렇게도 좋아한다던 이성을 애걸복걸 쫓아다닌 끝에 2년여 만에 연애전선에 골인했는데 아직 결혼식을 올린다는 소식이 없다. 나는 성격상 남의 사생활에 '감 나와라. 배 나와라.'라고 말하는 성향이 아니다. 따라서 술자리에서 후배의 소꿉장난 같은 연애사를 웃으면서 들어주는 게 전부다.

그런데 이야기 속에서 문득 떠오르는 것이 있었다. 결혼이라는 제도에 학습되어 버린 나의 딱딱한 뇌 구조였다. 왜 후배 녀석의 눈물 나는 연애사를 경청하면서 생뚱맞게 결혼을 떠올렸을까. 왜 연애를 연애로 해석하지 않고 결혼과 연관을 지었을까. 왜 10년이 넘는 세월 동안 연애만 하는 그 녀석의 삶에 물음표를 던졌을까. 이게 다 결혼이라는 뻔하디뻔한 제도 때문이었다.

다음에 소개할 친구도 앞에 등장했던 후배와 비슷한 형태의 연애를 추구한다. 연애는 하되 결혼은 하지 않는다. 그의 직업은 방송국 다큐멘터리 PD다. 작년까지 PD 일보다 합정역 근처에 차린 카페 일에 몰두했다. 그는 성 기능이 왕성한 독신남처럼 무한 연애를 추구한다. 그와 술을 마시면서 들었던 여자만 적어도 열 명이 족히 넘는다. 선수급은 아니지만 해가 바뀔 때마다 꾸준히 연애 물갈이를 계속했다는 이야기다.

그에게도 마찬가지로 왜 연애만 하면서 결혼을 하지 않는가에 대한 질문을 던진 적이 없다. 이유는 똑같다. 결혼할지 말지는 녀석의 권리이자 자유이기 때문이다. 하지만 그게 다가 아니었다.

지금도 내 머릿속에는 녀석에게 물어보지 못한 뻔한 의문들이 메두사처럼 살아 숨 쉬고 있다. 왜 결혼을 안 할까, 연애만으로 인생에 만족하는 것일까, 혹시라도 외롭지는 않은가, 하는 학습된 의문들이 기생충처럼 내 속에 존재한다.

우리가
알고 있는
모든
것

911하면 무엇이 떠오르는가. 대다수가 2001년 벌어진 9·11 사태를 떠올릴 것이다. 그렇다면 우리는 어떻게 911이라는 숫자를 통해서 뉴욕 한복판에서 벌어진 사건을 반사적으로 떠올리는 것일까. 바로 미디어 때문이다. 우리는 미디어에서 선택적으로 보내주는 정보를 통해서 무의식을 키워나간다. 따라서 우리가 생각하고 판단하는 이면에는 만들어진 정보와 제도가 똬리를 틀고 있다는 사실을 알아야 한다.

사실 9월 11일을 의미하는 911이라는 숫자 속에는 역사적으로 여러 가지 사건이 존재한다. 첫 번째로 1973년 9월 11일 칠레에서 발생한 사건이다. 칠레에는 세계 최초로 국민의 순수한 의지에 의해서 사회주의 정권이 창설되었다. 여기까지는 자연스러운 역사의 흐름이다.

하지만 칠레 근처에 사는 미국의 심기가 편치 않았다. 미국 정권에서는 흔히 쓰던 수법을 다시 들고 나온다. 미국정부의 경제적, 군사적 후원으로 칠레의 쿠데타 세력을 키운 것이다. 쿠데타 세력은 미국의 무한 지원에 힘입어 시가전에 돌입한다.

결국, 9월 11일 아옌데 대통령은 마지막 방송연설 후 권총으로 자살한다. 이 와중에 수많은 국민이 피노체트가 이끄는 쿠데타군에 의해서 돌이킬 수 없는 정신적, 육체적 내상을 입는다.

미국의 전폭적인 지지 하에 탄생한 피노체트 군사정권은 1990년까지 무려 17년간 계속된다. 이 기간에 불법체포·감금·고문 피해자는 3만 8천여 명, 실종·사망자는 3천200여 명에 이르렀다.

피노체트는 1988년 10월 대통령 집권 연장에 대한 찬반을 묻는 국민투표에서 패배하며 쇠락의 길을 걷는다. 이후 독재자 피노체트를 상대로 인권탄압과 부정축재 등 혐의로 고소·고발이 잇따랐으나 그가 2006년 91세를 일기로 사망하기까지 실제로 처벌받은 자는 없었다.

다음으로 911은 부시 대통령의 아버지, 1세대 부시 가문이 이라크 전쟁을 결정한 날이다. 대를 이어서 전쟁을 치르는 중동과의 피의 역사가 시작한 것이다.

중요한 점은 우리가 접하는 정보라는 게 고작해야 미국 등 일부 영어권 국가에서 만들어내는 사건들의 집합체라는 것이다. 만일 칠레에서 방송하는 사건·사고가 일간지와 인터넷 뉴스를 미국처럼 독점한다면 우리가 떠올리는 911의 의미는 크게 달라질 수 있다.

결혼이라는 제도 또한 마찬가지가 아닐까. 합법적으로 동거제도를 인정하는 프랑스가 일본을 대신해서 한국 이남에 있었다면 어떤 상황이 벌어졌을까. 아마도 결혼이라는 제도에 대한 인식 자체가 의무가 아닌 선택의 범주에 들었을지도 모르는 일이다. 서글프지만 인간은 사회적 동물이다. 가족, 친구, 직장, 국가에 이르기까지 사회적 환경은 철저하게 자유의지를 지배한다.

결혼제도의
대안을
찾다

사르트르가 누구인가. 프랑스를 상징하는 행동하는 지식인, 사회운동가, 사상가, 작가, 평론가, 선생이라는 직업의 소유자. 문학에 평가등급을 매기는 행위는 부르주아적 습성이라는 이유로 1964년 노벨문학상 수상을 거부했던 인물이다.

그는 "실존은 존재에 우선한다."라는 명언을 통해서 실존주의 철학을 전파했으며 시몬 드 보부아르와 무려 50년간 계약결혼 생활을 유지했던 인물이다.

실제 사르트르는 보부아르와 만나면서 계약결혼을 염두에 두지는 않았다. 입대를 앞둔 사르트르는 보부아르에게 정식으로 청혼한다. 정확한 이유가 밝혀지지는 않았지만, 보부아르의 반응은 사르트르의 기대와 달리 결혼에 관해서 관심을 두지 않았다.

고민 끝에 사르트르는 보부아르에게 두 번째 제안을 던진다. 내용인즉슨 2년간의 계약결혼을 시도하자는 폭탄선언이었다. 당시 보부아르는 귀족 집안 출신으로 어린 시절부터 다양한 문화적 혜택을 받은 프랑스판 신여성이었다.

보부아르가 받았던 교양교육의 정체는 단순했다. 좋은 가문의 남자를 만나서 결혼하는 것이 교양교육의 목표이자 종착역이었다. 이와 달리 보잘것없는 집안 출신인 사르트르는 보부아르 집안에서 환영할 만한 인물이 아니었다.

사르트르와 보부아르가 약속한 계약결혼은 당시 시민의 시각으로는 엄청난 사건이었다. 계약 내용을 살펴보자.

그들은 서로 사랑하고 관계를 지키는 동시에 다른 사람과 사랑에 빠지는 것을 서로 허락한다는 데 동의한다. 이는 각자 다른 사람과 우연히 만나 사랑을 할 권리를 인정한 것이다. 그들은 이 조건 때문에 계약결혼 생활을 유지하면서 많은 위기를 겪으며, 세인들에게서 신랄한 비판을 받는다.

다음으로 상대방에게 거짓말을 하지 않으며, 어떤 것도 숨기지 않는다는 조건이다. 사르트르는 이를 가장 중요한 조건으로 삼았으나 지키기가 쉽지 않았음은 당연한 일이었다. 마지막으로 경제적인 독립이었다.

이 조건은 그들의 경제상황이 악화되면서 제대로 지켜지지 않았다. 그나마 그중에서 가장 걸림돌이 적은 계약이었다.

그들만의
리그

세인들의 따가운 눈초리에도 그들은 1929년부터 계약결혼을 시작한다. 1931년 사르트르는 군 복무를 마치고 르 아브르라는 프랑스의 북부 도시로 향한다. 그곳의 고등학교로 발령을 받았던 것이다. 반면 보부아르는 프랑스 마르세유의 고등학교로 발령받아 교편생활을 시작한다. 그들 사이에는 무려 800km 이상의 물리적 거리가 놓여 있었다.

사르트르를 향한 연애감정을 참아가며 떨어져 살아야 하는 상황에 대해서 보부아르는 고민에 빠진다. 이에 사르트르는 그녀에게 다시 정식으로 결혼을 제안한다. 사르트르와 헤어져 혼자 지내야 하는 보부아르에게 결혼이란 선택 가능한 해결책이었다.

하지만 보부아르는 다시 제안을 거절한다. 이유는 여자로서 자식을 키우는 일과 가사에 커다란 의미를 두지 않았기 때문이었다. 게다가 작가가 되기 위해서는 많은 시간과 노력을 자신에게 써야만 했다. 어쩔 수 없이 사르트르는 보부아르에게 그들의 계약을 적어도 30세가 될 때까지 연장하자는 수정제안을 던진다.

이후 사르트르와 보부아르의 계약결혼은 수많은 위기를 겪는다. 그들은 다른 이성들과 자유연애를 즐기면서도 계약결혼이라는 끈을 마지막까지 놓지 않는다.

무정부주의자의 향기가 물씬 풍기는 사르트르와 보부아르의 계약결혼 사건은 프랑스문화를 보여주는 일종의 상징이 되었다. 누구나 그들의 결혼생활을 비난할 수 있었지만, 누구도 그들처럼 사회의 터울을 깨고 자신들이 원하는 결혼생활을 시도하지 못했다. 그것이 삶을 개척하는 자와 삶에 끌려다니는 자의 근본적인 차이점이 아닐까 싶다.

흉내 내는 삶은 가짜다. 가짜와 진짜의 구분이 모호해진 세상에 우리는 살고 있다. 그것인 결혼이든, 독신이든지 간에 말이다. 중요한 것은 자신만의 시선으로 세상을 조립하고, 분해하고, 다시 세우는 일이다. 사르트르와 보부아르는 그들만의 행복한 삶을 창조해낸 시대의 연인이었다.

참고문헌

1. 사르트르 지음, 『문학이란 무엇인가』, 정명환 옮김, 민음사, 2002.

2. 변광배 지음, 『사르트르와 보부아르의 계약결혼』, 살림출판사, 2007.

3. 사르트르 지음, 『구토』, 강명희 옮김, 하서, 2007.

4. 베르나르 앙리 레비 지음, 『사르트르 평전』, 변광배 옮김, 을유문화사, 2009.

앤디 워홀

영원한 팩토리 보이

앤디 워홀과
블로그

처음에는 그랬다. 그의 작품을 예술이라는 범주에 고민 없이 포함할 수 있을지 의심스러웠다. 후기 인상파이전 시대의 미술에 집착하던 시절, 그의 작품을 좋아하지 않았다.

하지만, 우연한 기회에 동네 비디오 대여점에서 빌려 본 영화 〈바스키아〉를 통해서 그에게 관심을 두게 되었다. 다시 시간이 흘렀다. 나는 명동 신세계 본점에서 그의 작품과 우연히 만난다. 하얀 백화점 벽면에는 〈존 레넌〉이라는 타이틀이 적힌 그의 작품이 걸려 있었다. 그의 이름은 바로 앤디 워홀이었다.

이 글은 블로그를 처음으로 시작할 때 서평으로 적었던 문구다. 때는 2003년 7월. 블로그에도 세월이라는 이끼가 낀다. 앤디 워홀을 주제로 블로그 글을 올린 후, 무려 10여 년 동안 내 블로그는 방치 상태였다.

그 후 합정역 근방에 있는 한 출판사의 권유로 2012년도에 다시 블로그를 시작한다. 오랜만에 블로그에 들어가 보았다. 폐허 상태로 방치된 그곳에는 스팸 광고 문구들이 버젓이 주인행세를 하면서 살고 있었다. 그동안 읽었던 책만 정리해 놓았어도 수천 개의 블로그 글이 완성될 수 있었을 것이다. 어쨌거나 당시만 해도 블로그 글쓰기는 창작과는 무관한 장난질에 지나지 않는다고 생각하던 조금은 아날로그적인 시절이었다.

명품견의 팔자를 타고난 미국이라는 나라

앤디 워홀의 삶은 뉴욕 미술시장의 역사와 정확히 일치한다. 1940년대까지만 해도 뉴욕은 미국의 중심이라 부르기에는 존재감이 그리 대단치 않았다. 1914년 발발한 제1차 세계대전의 여파로 금융자본의 사망신고를 했던 영국은 눈물을 머금고 금융의 심장 기능을 미국으로 넘겨주어야 했다. 금융자본 이동의 종착지가 뉴욕이었지만 당시만 해도 세계문화의 중심지는 여전히 프랑스 파리와 영국 런던이었다. 파리에는 인상주의 미술과 영화, 문학이 있었으며 런던은 유럽 대중문화의 통로로서 입지를 굳힌 상황이었다.

이러한 기조는 제2차 세계대전이 발발할 때까지 변함없이 이어진다. 물론 미국정부의 문화후원에 대한 의지가 전혀 없지는 않았다. 1929년 주가 폭락의 후폭풍으로 경제 대공황이 터지자 루스벨트 대통령이 미국 경제부흥의 해결사로 등장한다.

루스벨트는 뉴딜정책이라는 경기회복의 승부수를 던진다. 뉴딜정책은 두 가지 목표를 선행과제로 삼았다. 하나는 대공황을 타개하고 경제적 안정을 꾀하는 것이었고, 다른 하나는 경기불황에 따른 잦은 시민반란이 대규모 사회혼란으로 이어지지 않도록 하는 경제지원시스템의 확충이었다.

세 번째로 뉴딜정책은 예술의 비약적 발전을 낳게 했다. 미 연방정부는 중기계획을 세워 수천 명의 작가, 화가, 음악가, 사진작가에게 공적자금을 지원했다. 뉴딜정책의 지원 아래 미국 최초로 시행된 예술프로그램은 아쉽게도 1939년에 중단된다.

미국경제가 점차 안정추세에 접어들자 정치가들에게는 탐탁지 않은 존재였던 예술가들에 대한 후원의 필요성이 없어진 것이었다. 역사 비판적인 태도를 보였던 문화예술가들의 성향과 작품은 미국 제일주의를 외치는 보수 정계인사들에게 거추장스러운 존재였다.

"Every dog has his day."라는 속담이 있다. 한국말로 표현하면 "쥐구멍에도 볕 들 날이 있다."정도가 아닐까 싶다. 이 속담과는 달리 미국은 출생부터 '똥개'가 아닌 '명품견'의 운명을 타고났다. 미국정부는 미국의 정체성을 말할 때, 독립전쟁과 남북전쟁의 역사를 내세운다. 그게 전부일까. 이 논리는 영화를 볼 때, 마지막 부분만을 분리해서 감상하는 격이다.

미국의 역사는 인디언의 삶에서 출발한다. 미국의 조상이자 토착민이었던 인디언을 유럽에서 건너온 백인들이 흔적도 없이 죽음의 늪으로 몰아냈다는 역사를 미국은 애써 감추려고 한다. 미국은 1900년대 초반까지 넓고 넓은 땅덩어리를 차지하고 있는, 그렇고 그런 군국주의 국가일 뿐이었다.

미국은 유럽으로부터 제2차 세계대전이라는 종합선물세트를 하사받는다. 전쟁의 폐허로 쑥대밭이 된 유럽은 이제 미국의 경쟁상대가 아니었다. 냉전시대의 대항마인 소련과 중국은 문화 정체성이 희미했던 미국을 일제히 비난했다. 전쟁의 최대 수혜국가로서 뜻하지 않았던 경제부흥기를 맞은 미국정부는 머릿속이 텅 빈 벼락부자라는 공산국가들의 비난이 부담스러웠다.

냉전국가와의 대치상황 속에서 미국의 행운은 이것으로 그치지 않는다. 패전국가로 먹고살 길이 막막했던 프랑스 출신 예술가들이 속속 미국으로 향했기 때문이었다. 사회학자 제임스 데이비슨 헌터의 저서 『Culture Wars : The Struggle To Define America』에 따르면 미국은 추상표현주의라는 미술사조를 내세웠고, 그 배경에는 CIA(미국 중앙정보국)가 버티고 있었다.

그는
사업가인가,
예술가인가

앤디 워홀의 출생연도는 정확하지 않다. 그는 인터뷰에서 1930년에 태어났다는 자신의 출생증명서는 위조된 것이라고 언급했다. 그의 본래 이름은 앤드루 워홀라(Andrew Warhola)였으며, 펜실베이니아(Pennsylvania) 주(州) 프리스트 시(市)가 고향이었다. 앤디 워홀의 아버지는 체코슬로바키아 출신 미국 이민자인 동시에 광부이자 건설 노동자였다.

1945년 미국 펜실베이니아 주 피츠버그에 있는 카네기멜론대학에서 상업미술을 전공한 앤드루 워홀라 주니어는 4년 후 뉴욕으로 이주한다. 그는 본격적으로 미술가의 길을 걷기 위해 자신의 이름을 앤디 워홀로 개명한다. 1952년 앤디 워홀은 자신의 첫 개인전을 뉴욕의 휴고(Hugo) 화랑에서 여는데 아쉽게 한 점의 작품도 팔리지 않는다.

그는 2년 후 뉴욕의 로프트(Loft) 화랑에서 첫 단체전을 열 때까지 〈하퍼스 앤 바자〉와 〈보그〉의 상업미술가로 일했다. 앤디 워홀은 또한 밀러 구두회사를 위한 광고 일러스트레이터, 오프 브로드웨이 극단을 위한 무대 디자이너로서 활발하게 활동한다.

여기에서 앤디 워홀이 일했던 패션잡지, 구두, 브로드웨이라는 상징들은 1950년대 미국 자본주의 시장을 의미한다. 앤디 워홀은 영리하게 매거진, 패션, 구두, 연극무대를 상업미술과 연계한 작업을 시작한 것이다. 그에게는 1960년대라는 풍요의 시대를 자신의 손아귀에 넣은 셈이었다.

대중들에게 순수미술가로 불리기를 원했던 앤디 워홀은 1962년 발표한 〈캠벨 스프〉 작품으로 팝 아트를 대표하는 상업미술가로 등극한다. 〈캠벨 스프〉는 한국으로 따지면 '오뚜기 스프' 정도의 지명도를 가진 미국인들의 국민 간식이었다. 그는 자신의 작품 〈캠벨 스프〉를 통해서 1960년대를 이렇게 정의했다.

"1960년대는 모든 사람이 다른 모든 사람에게 관심이 있었다. 거기에는 마약이 작으나마 한몫을 했다. 만인이 갑자기 평등해졌다. 신출내기 여배우도, 운전기사도, 웨이트리스도, 주지사도 다 평등했다."

앤디 워홀이 언급한 평등의 개념은 역사학자 하워드 진의 저서 『살아 있는 미국 역사』에 등장하는 '미국인들의 삶의 영역에서의 반란' 부분과 일치하는 부분이 있다. 이는 1950년대와 1960년대에 일어난 흑인폭동이었다. 일상화된 모욕과 차별의 상처를 지니고 있던 흑인들은 마틴 루터 킹을 앞세워 잃어버린 인권을 되찾기 위해 모든 것을 걸었다.

앤디 워홀은 흑백갈등의 역사에서 한발 더 나아가 직업을 통한 계급 차별이 사라지는 사회를 예견했다. 그는 소비문화를 특징으로 하는 자본주의 시대를 자신의 예술세계에 자연스럽게 편입시켜 이를 소재로 특화하기 시작했다. 체코 출신 노동자 가정의 일원으로서 미국 역사를 바라보는 그의 시각은 가진 자를 대변하는 상류층 문화와는 커다란 괴리감이 있었음을 반증하는 부분이다.

1950년대 뉴욕에서 거주하던 시절, 동료 미술가들이 그의 작업실에 방문할 때면 상업용 미술작품들을 숨기곤 했다. 1960년대 이후 뉴욕을 대표하는 예술가로 입지를 굳힌 이후에도 창작을 위한 작업실과 상업적인 작업을 위한 공간을 철저하게 분리했다.

대중문화를 미술의 소재로 선택한 앤디 워홀은 패션사업에도 관심을 기울였다. 1960년대 뉴욕은 추상표현주의가 이끄는 미술의 메카일 뿐 아니라 금융, 패션, 영화, 문학, 음악, 공연의 중심지로 확실하게 자리 잡는다. 이러한 문화예술과 산업의 조화는 현재까지 뉴욕이 세계 문화예술의 중심지로 역할은 하는 데 중요한 사례로 남게 된다.

모든
콜라는
지극히
평등하다

미국의 1960년대를 말할 때 소비문화는 빼놓을 수 없는 상징 중 하나다. 이미 미국은 제2차 세계대전 이후 얻어낸 물질적 풍요를 바탕으로 다양한 소비문화코드를 만들어 낸다. 디즈니랜드, 맥도널드, 할리우드 영화, 대형 쇼핑몰 등은 텔레비전과 라디오라는 강력한 미디어 매체의 힘을 밑천으로 미국을 상징하는 풍요의 상징으로 등장한다. 미디어 매체의 파괴력은 여기서 그치지 않는다.

미국 기업들은 라디오와 텔레비전 그리고 대형 빌보드 등을 이용하여 무차별적인 광고를 퍼붓기 시작한다. 이는 오로지 소비하는 존재로서 자본주의형 인간상을 만들어 내는 비극적인 결과를 가져온다.

미국 미술계 역시 추상표현주의가 이끌어 왔던 예술 형식을 팽개치고 후기 자본주의적 사회상을 미술에 적용하고자 했다. 결국, 이러한 미술양식이 팝 아트라는 장르가 탄생하는데 바탕이 되었음을 부정하는 이는 없을 것이다.

한편 미국 미술계는 슈퍼마켓에서나 볼 수 있는 콜라병이나 캠벨 수프가 유명 갤러리에 선보이는 현실에 경악한다. 당시 미술비평가인 로젠버그는 앤디 워홀의 〈캠벨 스프〉에 대해서 혹평을 쏟아 냈다.

대중들의 일상을 미술에 도입했던 작가는 앤디 워홀뿐이 아니었다. 조각과 회화의 경계를 무너뜨렸다는 평가를 받았던 로버트 라우센버그 역시 미국의 상징인 케네디 대통령, 독수리, 교통간판 등을 작품에 도입하여 1950년대에 이미 추상표현주의로부터 탈출을 선언한 바 있다. 작가 재스퍼 존스는 미국 국기를 활용한 다양한 미술작품을 탄생시킨다. 하지만 이들 역시 진지함이라고는 찾아보기 힘든 앤디 워홀의 작품에 대해서 날 선 비난을 멈추지 않았다.

미술가와 비평가들의 끊이지 않는 비난에도 앤디 워홀의 미술작업은 계속된다. 1968년, 작업실 팩토리(앤디 워홀은 미술작업을 하는 자신의 스튜디오를 '팩토리'라 불렀다.)를 유니온스퀘어 웨스트 33번지로 옮겨간 그는 작품의 방향성만 제시하고 작업은 조수들이 한다는 사실을 당당하게 언론에 밝힌다. 예술의 대량생산 시대를 주도했던 경영의 귀재 앤디 워홀의 행보는 세계 미술시장을 뿌리째 뒤흔들었다.

이미 단체 작업의 형태는 르네상스 시대 미켈란젤로의 천장화나 라파엘로의 대형 벽화에서도 나타난 바 있으나 미술품 대량생산을 위한 시스템은 앤디 워홀에서부터 본격화되었다. 이러한 작업 스타일은 한국 모 백화점에서도 선을 보였던 미술가 제프 쿤스에게 커다란 영향을 미친 바 있다. 실제 제프 쿤스는 뉴욕의 작업실에서 무려 200여 명의 직원과 함께 창작활동을 하고 있다.

앤디 워홀은 대중문화 코드를 이용한 팝 아트 양식에 대해서 다음과 같이 언급한 바 있다. '이 나라와 관련된 위대한 점은, 가장 부유한 소비자라도 필연적으로 가장 돈 없는 소비자와 똑같은 물건을 사는 지점에서 그 전통이 시작되었다는 것이다. 당신은 텔레비전을 시청할 수 있고, 방송을 보면서 대통령이 콜라를 마시고, 리즈 테일러가 콜라를 마신다는 사실을 알 수 있으며, 당신 역시 콜라를 마실 수 있다. 콜라는 그냥 콜라여서 아무리 돈을 많이 낸다 해도 길거리의 건달이 마시는 콜라보다 더 좋은 콜라를 마실 수는 없다. 모든 콜라는 같으며 모든 콜라는 품질이 좋다. 리즈 테일러는 그 사실을 알고 있으며, 대통령도 알고, 건달도 알고, 당신도 안다.'

이처럼 앤디 워홀은 스스로 고급문화의 영역을 허무는 미술작업의 주인공임을 자처했다. 이는 독일 프랑크푸르트학파(비판이론을 통해서 현실을 재해석하고 사회를 변혁하는 이론을 내세웠던 연구자 집단을 의미한다. 아도르노와 베냐민, 호르크하이머, 마르쿠제 등이 이에 속한다.)의 일원이었던 발터 벤야민의 문화이론과 연관성을 가진다.

벤야민은 1935년 완성한 자신의 논문 「기술복제 시대의 예술작품」에서 예술 생산조건에서 기술의 발달을 예견한다. 이는 마르크스가 자본주의 생산 양식의 분석에서 출발하여 자본주의의 미래를 예견했듯이, 벤야민 역시 예술의 생산방식에서 중요한 변화요소는 기술적 복제가 가능해졌다는 점을 의미한다.

그렇다면 앤디 워홀 역시 벤야민의 아우라 이론이 나온 지 30년이 흐른 뒤, 산업문화가 자리 잡은 뉴욕에서 인간소외에 대한 이미지를 대중문화와 유명인들의 실크스크린 작업을 통해 표출하려고 했던 것이 아닐까.

비즈니스야말로
최고의
예술이다

앤디 워홀의 전성시대는 1970년대에도 변함없이 계속된다. 미국은 베트남전, 여성해방운동, 워터게이트 사건, 인종차별 등의 이슈로 아메리카니즘(유럽과 아시아에 대한 미국인의 문화적 특징을 의미한다. 아메리카니즘은 고립주의 또는 배타주의와 결부되는 때도 있다. 제2차 세계대전 후에는 과격파 우익정권에서 아메리카니즘이라는 이름으로 광신적 반공주의를 주창했다.)이 뿌리째 흔들리는 혼란의 시기를 겪는다.

또한, 탈산업화와 석유파동, 경제 불황이 겹치면서 대량실업과 재정위기, 부동산가격 폭락 등의 경제적인 이슈가 발발한다.

이러한 미국사회 전반에 영향을 미친 경기침체는 역으로 예술활동에서 긍정적인 효과를 전이시킨다. 특히 앤디 워홀이 활동하던 뉴욕은 산업불황의 여파로 공동화된 창고와 오래된 가옥들이 갤러리와 작업실로 이용된다. 부동산 경기침체 때문에 예술가들의 작업환경 공간 확보가 수월해진 것이었다.

뉴욕의 집세가 하락곡선을 타기 시작하자 소호지역은 예술가들의 아지트로 변신한다. 빈민가였던 뉴욕 다운타운가에서는 음악, 미술, 문학의 새로운 조류가 탄생한다. 뉴욕을 중심으로 펼쳐진 문화예술과 산업 간의 관계는 영화, 패션, 미술, 음악, 산업의 장르를 구분 짓는 일 자체가 무의미해지는 '퓨전화 현상'이 일어나기 시작한 것이다.

앤디 워홀에게 자본, 즉 돈의 의미는 무엇이었을까. 그는 예술의 범위를 일상 소비문화의 영역까지 확대한 영리한 사업가일까. 아니면 물질만능주의의 늪에 빠진 천민 자본가에 불과한 것이었을까.

'돈을 버는 것은 예술이고, 일하는 것도 예술이며, 비즈니스야말로 최고의 예술이다.'라고 외치던 앤디 워홀은 자본주의 사회에서 스스로 살아남는 방법을 터득한 인물이었다. 그는 예술도 비즈니스의 영역에 포함될 수밖에 없다는 현실을 인정하고 예술작품을 일반 공산품의 차원으로 끌어내리는 시도에 성공한다.

앤디 워홀은 자본주의 시스템에 미술이라는 장르를 도입한 예술사업가다. 하지만 앤디 워홀을 제외한 수많은 예술가는 가난의 굴레에서 쉽게 탈출하지 못하고 있는 현실이다. 이들은 예술활동으로 물질적인 보상이 일정 수준에 오르면 다시 물질을 포기하고 예술에 몰두하는 상황을 반복했다. 따라서 세상을 떠날 때까지 물질에 대한 욕망을 감추지 않았던 앤디 워홀을 현대 미술가의 표본이라고 말하기에는 무리가 있다.

그의 명성과 실크 스크린 방식의 작품에 반한 미국 갑부들은 그에게 자신들의 초상화 작업을 요청하는데 돈을 아끼지 않았다. 앤디 워홀은 작품을 요청한 갑부들의 재산 수준에 따라서 가격 차이를 두었다. 말 그대로 돈이 돈을 부르는 상황이 반복된 것이었다.

실제 앤디 워홀이 미술품을 판매하여 벌어들인 돈은 수백억 원에 달했다. 우리는 여기서 자본주의 논리에 충실했던, 아니 자본주의를 철저하게 활용했던 예술가의 초상을 엿볼 수 있다. 앤디 워홀이 소재로 삼았던 유명인들의 초상화와 대량 소비시대를 의미하는 수많은 상징은 산업과 예술의 경계가 희미해진 20세기 후반의 미국 문화산업의 역사를 적나라하게 보여준다.

어쩌면 앤디 워홀이 아니더라도 동네 슈퍼마켓에서 볼 수 있는 저가의 생활용품들은 다른 미술가의 손끝을 통해 미술의 소재로 이용되었을 것이다. 뉴욕 브로드웨이 거리를 둘러싸고 있는 수많은 광고간판 역시 미술의 소재로 활용되었을 것이다. 중요한 것은 자본주의 예술의 물꼬를 튼 인물이 앤디 워홀이었다는 사실이다.

예술은 정치와 경제와는 완전히 동떨어진 세상에서 만들어지는 창작물이 아니다. 유구한 역사의 정점에서 예술은 호흡을 같이 한다. 팝 아트의 가벼움을 말하기에 앞서 깊이에의 강요에 중독된 예술지상주의 (1830년대에 프랑스의 작가 테오필 고티에가 주장한 예술이론이다. 예술의 유일한 목적은 예술 자체와 아름다움에 있으며, 도덕적·사회적 또는 그 밖의 모든 효용성을 배제해야 한다고 함으로써 예술의 자율성과 무상성을 강조했다.)자들의 무심함을 지적해야 할 것이다.

앤디 워홀의 팝 아트를 '삶과 현실에의 적극적 참여를 통한 미술적 결과물'이라고 정의하고 싶다. 어차피 의식적, 무의식적 모방과 인식의 반복이 창작물을 탄생시키는 근본적인 원인이라는 이유에서다. 앤디 워홀이 예술 공동체 형식으로 운영했던 팩토리는 독신자의 삶을 영위했던 그가 지향하는 새로운 가족의 개념이었다.

참고문헌

1. Hunter, James Davison, 『Culture Wars』, Basic Books, 1991.

2. 강홍구 지음, 『앤디 워홀』, 재원, 1995.

3. 클라우드 호네프 지음, 『앤디 워홀』, 최성욱 옮김, 마로니에북스, 2006.

4. 발터 벤야민 지음, 『기술복제 시대의 예술작품』, 최성만 옮김, 길, 2007.

5. 하워드 진, 레베카 스테포프 지음, 『살아있는 미국 역사』, 김영진 옮김, 추수밭, 2008.

6. 하워드 진 지음, 『미국 민중사 2』, 유강은 옮김, 이후, 2010.

7. 앤디 워홀 지음, 『앤디 워홀의 철학』, 김정신 옮김, 미메시스, 2011.

알 파치노

백인답지 않은 백인 뉴요커

영화
⟨대부⟩의
수사학

- 친구는 가까이 두고, 적은 더 가까이 두어야 한다.

- 난 평생 부주의하지 않으려고 노력했지. 여자와 아이들은 경솔할 수 있지만 남자는 절대 경솔해서는 안 돼.

- 언제나 입은 굳게 닫고, 시야는 크게 가져라.

- 네 생각을 절대 남들한테 알려서는 안 된다.

- 우정과 돈은 물과 기름과 같다.

- 금융은 마치 총과 같아. 그리고 언제 방아쇠를 당길지를 결정하는 것이 정치이고.

- 정치와 범죄의 본질은 다르지 않아.

- 적들을 미워하지 마라. 그러면 네 판단력이 흐려지니까.

- 결백하다고 말하지 마. 그건 내 지성을 모독하는 거야.

- 남자란 마음속에 있는 것을 결코 말하는 것이 아니다.

- 지금까지 역사가 우리에게 알려준 것은 이 세상에 죽이지 못할 놈은 없다는 거야.

　　　　읽을 때마다 마초의 향기가 풀풀 나오는 어록의 출처는 프란시스 포드 코플라 감독의 영화 〈대부〉 시리즈다. 대부(The Godfather)는 영화계에서 많은 이변과 신화를 속출했던 작품이다. 영화 〈대부〉 1편을 정확히 5번 보았다. 문화예술에서 말하는 '고전'의 의미는 무엇일까. 정답은 세월이 흘러도 가치가 변질하거나 평가절하되지 않는 작품을 말하는 것이 아닐까.

　아마 늦은 가을이었을 거다. 고등학교 3학년 시절. 라면 머리를 한 친구 용선이와 지금은 사라진, 서대문의 한 극장에서 영화 〈대부〉를 보았다. 극장에 난방이 들어오지 않아서 영화가 끝날 때까지 그로기 상태에 빠진 복서처럼 잔뜩 몸을 웅크린 채 시선은 스크린을 향했던 기억이 떠오른다. 무려 3시간에 가까운 영화를 마지막까지 가슴 졸이며 즐길 수 있었던 이유는 원작의 걸출한 스토리텔링과 배우들의 열연, 감독의 뛰어난 연출력이 시너지 효과를 터뜨렸기 때문이었다.

마리오
푸조가
생산한
문화콘텐츠

영화 〈대부〉가 시작하는 시대는 제2차 세계대전이 막을 내린 1947년도다. 스크린에는 검은색 정장을 한, 불독처럼 생긴 노인이 등장한다. 노인의 이름은 말론 브랜도. 그는 이 영화에 출연하기 위해서 양쪽 볼에 보형물을 넣은 채 영화 오디션을 보았다. 늘어진 볼은 마피아 대부의 권위를 보여주는 일종의 상징매체다. 47세의 나이에 실제 60세의 마피아 보스 연기를 하기 위한 고육책이었다. 이러한 말론 브랜도의 이미지 메이킹은 강력한 카리스마를 가진 마피아 보스를 연기하는데 결정적인 요인으로 작용한다.

한편 종전 후 미국은 승전국에 주어지는 경기호황의 붐을 톡톡히 누린다. 6·25 전쟁의 반사효과를 일본이 누렸듯이, 미국은 폐허가 되어 버린 유럽에 군사물자와 경제지원 등을 통해 엄청난 부를 대가로 가져간다. 영화는 풍요의 나라 미국으로 건너간 이탈리아 마피아 패밀리의 삶을 생생하게 그리고 있다.

영화 〈대부〉의 작가이자 이탈리아 이민 2세대였던 마리오 푸조의 원작은 1969년 발간 후 무려 67주 동안 미국 뉴욕타임스 베스트셀러에 오르는 기염을 토한다. 도서『대부』는 전 세계에 무려 2천만 권 이상의 출판 기록을 세우며 당시 미국 출판사상 가장 상업적으로 성공한 책으로 선정

된다. 영화 또한 마찬가지였다. 영화 〈대부〉는 당시까지 부동의 흥행 1위를 기록하고 있었던 영화 〈바람과 함께 사라지다〉를 가볍게 추월하면서 일인자의 자리에 오른다. 〈대부〉는 1972년 아카데미 작품상, 각본상, 남우주연상을 거머쥔다.

영화의 시나리오 제작자로도 참여했던 작가 마리오 푸조는 인터뷰에서 이렇게 말한다. "『대부』는 단순한 마피아 이야기가 아닙니다. 이 책은 미국 문화 내의 갈등에 대해 다루고 있으며 범죄를 통해 자신의 왕조를 건설하는 권력자의 이야기죠. 하지만 그는 자기 아들이 상원의원이나 주지사가 되길 바랍니다. 그것이 바로 권력의 속성이죠."

영화 〈대부〉에 참여하기를 원하는 배우들은 수없이 많았다. 배우 로버트 드 니로도 마피아 패밀리의 장남인 소니 역을 지원했지만 탈락한다. 로버트 드 니로는 마침내 〈대부 2〉에서 말론 브랜도의 젊은 시절 배역을 열연한다.

뉴욕의
무명
연극배우에서
은막의
슈퍼스타로

이제 비토 콜리오네 가문의 막내아들인 마

이클을 말할 차례다. 다시 정리하면 콜리오네가의 대부는 말론 브랜도이며 장남은 소니, 딸, 둘째 형, 막내 마이클 이렇게 3남 1녀로 가족을 이룬다. 영화 제작사는 마이클 역에 로버트 레드포드, 워런 비티, 잭 니콜슨, 더스틴 호프만, 라이언 오닐, 알랭 들롱 등을 추천했다. 결론은 당시 무명 연극배우 출신인 알 파치노였다. 코플라 감독은 알 파치노의 소름 끼치는 연기력에 반했던 것이다.

배우 알 파치노는 영화 〈대부〉에서 말론 브랜도의 자리를 물려받는 막내아들 배역을 열연한다. 순진한 대학생에서 죽고 죽이는 폭력의 세계로 빠져드는 두 가지 역할을 완벽하게 소화해낸 것이다. 알파치노의 신들린 연기 내공은 여기에서 그치지 않는다. 그는 '속편은 절대 전편보다 성공할 수 없다.'라는 영화계의 이론을 무색하게 만든다.

영화 〈대부 2〉는 1974년도에 선을 보인다. 러닝 타임은 무려 3시간 20분. 이 영화에서 마이클 콜리오네로 열연하는 알 파치노는 인간적인 면모를 가진 아버지와 달리 냉정하기 이를 데 없는 마피아 보스 역을 소화해낸다. 개인적으로 1편을 능가하는 영화는 〈대부 2〉가 유일하지 않은가 싶을 정도로 알 파치노는 영화에서 절정의 연기력을 쏟아낸다.

알 파치노는 영화 〈대부〉 시리즈를 통해서 세계적인 배우로 거듭난다. 피도 눈물도 없는 마피아 보스의 눈빛 연기는 이 영화를 고전으로 만드는 결정적인 단초가 된다. 알 파치노는 영화의 성공으로 〈형사 서미코〉(1973), 〈허수아비〉(1973), 〈뜨거운 오후〉(1975), 〈바비 더월드〉(1977), 〈용감한 변호사〉(1979), 〈광란자〉(1980), 〈스카페이스〉(1983),

〈혁명〉(1985), 〈사랑의 파도〉(1989), 〈딕 트레이시〉(1990) 등의 영화에 출연한다.

　〈대부〉 시리즈의 마지막 편은 1990년에 선을 보인다. 1, 2편의 엄청난 성공에 따른 영화팬들의 기대를 채우기에 3편은 역부족이었다. 영화의 결정적인 마이너스 요인은 마이클 콜리오네의 딸 역할을 맡았던 소피아 코플라였다. 코플라 감독의 실제 딸이었던 소피아 코플라의 어색한 연기는 그녀가 맡았던 배역의 무게감을 감당하지 못하는 아쉬움을 남긴다. 다음으로 무려 50여 분에 달하는 오페라 극장 장면이다. 관객들을 마치 오페라광으로 착각한 게 아닐까 싶을 정도로 영화는 지루한 오페라 장면을 거듭해서 보여주고 있다.

　그럼에도 알 파치노는 60세를 넘긴 늙은 마피아 보스 역할을 훌륭히 해낸다. 그마저 흔들렸다면 영화 〈대부 3〉은 1, 2편의 그늘에 가려진 저주받은 실패작으로 남을 뻔했다. 아쉽게도 알 파치노라는 훌륭한 선발투수를 뒷받침할 만한 중간계투나 마무리 조가 없었다는 게 〈대부 3〉의 결정적인 구멍이다.

인간 알 파치노
vs
배우 알 파치노

이제 인간 알 파치노에 대해서 말할 차례

다. 뉴욕의 빈민가인 브롱크스에서 태어난 알 파치노는 학생시절 교통비를 빌려야 할 정도로 곤궁한 성장기를 경험한다. 어지러운 환경에도 알 파치노의 연기에 대한 열정은 그치지 않는다. 보스턴의 데이비드 휠러 극단의 오래된 단원으로 활동했던 알 파치노는 연극으로 다져진 연기력을 바탕으로 미국 영화계를 주름잡는다. 스스로 자신은 배우이지 스타가 아니라고 말하는 알 파치노는 1970년대 미국 영화를 말할 때 빼놓을 수 없는 인물이다.

알 파치노는 미국에서 태어나고, 미국에서 성장한, 미국을 상징하는 배우이면서도 여타 백인 남자 배우들에게서 풍기는 우월주의나 선민의식이 보이지 않는다. 알 파치노는 미국적이면서도 미국적이지 않은 독특한 연기세계를 구축하고 있는 배우다.

알 파치노는 독신주의자다. 그가 맡았던 배역 대부분이 강렬한 자아를 가진 비사회적인 인물상이었다. 미국 상류층을 상징하는 온화하고 기름진 배역이 없었다는 점을 떠올려 볼 때, 알 파치노 스스로 자신의 인생을 영화처럼 디자인하고 있다는 느낌을 지울 수 없다. 물론 그는 영화배우로서 엄청난 성공과 명예와 부를 거머쥔 인물이다.

인간 알 파치노는 연기자이자 예술가로서 자신의 에너지의 원천이 어디인지, 그것을 유지하는 방법이 무엇인지를 정확히 인지하고 있는 영민한 인물이다. 여기에서 넘치는 세간의 이목과 경제적 풍요를 감당하지 못해 은막에서 사라져버린 수많은 스타급 배우들과 알 파치노의 뚜렷한 차이가 존재한다.

〈대부〉 시리즈의 성공은 알 파치노가 연기인생을 걷는 데 있어서 커다란 장벽이 될 수도 있었다. 실제 알 파치노는 영화 〈대부〉 시리즈를 능가할 만한 명작을 만들어내지는 못했다. 그렇다고 해서 알 파치노가 참여했던 영화들의 가치가 평가절하될 이유는 없다. 그는 버터냄새가 진동하는 호남형의 미국산 남자배우와는 근본적으로 다른 정신적인 연기세계를 추구했던 인물이기 때문이다.

알 파치노는 1992년 〈여인의 향기〉라는 영화에서 맹인 퇴역장교로 등장한다. 마치 자신의 연기인생을 토로하듯이 영화는 연극적인 요소, 즉 허무주의자 프랭크를 연기하는 알 파치노의 독백과 독설에 초점이 모여지고 있다. 알 파치노는 세상과 타협하려 들지 않는 주인공과, 세상과의 접점을 스스로 찾아가는 또 다른 자아를 가진 주인공 역을 훌륭히 소화해낸다. 재미보다는 사고를, 품위보다는 열정을, 안정보다는 모험을 추구하는 21세기의 제로니모(Geronimo), 알 파치노의 연기인생에 응원을 보낸다.

※영화 〈대부〉, 〈대부 2〉, 〈대부 3〉 관련 항목에 대해서는 'NAVER 영화' 검색을 참조했다.

참고문헌

1. 마리오 푸조 지음, 『대부』, 이은정 옮김, 늘봄, 2005.

2. 이왕주 지음, 『철학, 영화를 캐스팅하다』, 효형출판, 2007.

프레디 머큐리

보헤미안 랩소디

데칼코마니의
전설

그룹 '퀸'을 알게 된 것은 근석이 덕분이었다.
아랫입술이 유난히 두터운 근석이의 중학생 시절 별명은 '데칼코마니'였다.
녀석은 당시 축농증과 사투를 벌이는 중이었다. 쉬는 시간마다 엄청난 진동
음을 동반한 코 풀기를 반복했다.

그 정도만 해도 참아줄 만했다. 녀석은 코 풀기를 마치면 내용물이 쏟
아진 휴지 뭉치를 다시 양쪽으로 펴서 파편을 확인하는 이상한 습관이 있
었다. 따라서 녀석의 별명은 '데칼코마니'였다. 지금은 미국에서 사는 종
수라는 친구가 점지해준 별명이었다. 별명의 비밀을 모른다면 멋지다고

착각할 만한 칭호였다. 아랫입술을 천천히 내밀면서 자신이 갓 배출한 덩어리를 조심스럽게 확인하는 근석이의 손놀림은 일종의 행위예술이었다.

어쨌거나 근석이는 우리 반에서 코 풀기뿐 아니라 대중음악에 대한 내공으로는 일진의 자리를 고수했던 인물이었다. 내가 팝 음악의 세계에 입문했던 시기는 초등학교 6학년 무렵이었다. 키스(Kiss), 아바(ABBA), 보니엠(Boney-M), 빌리지 피플(Village People) 등 디스코 리듬이 가미된 경쾌한 음악들이 활약하던 시대였다. 이들의 음악은 빡빡머리 중학생에게 의식주 다음으로 소중한 존재였다.

1980년대 당시 서울에는 AFKN이라는 주한미군 텔레비전 방송 채널이 존재했다. 내가 살았던 동네 근처에는 용산 미군기지가 널찍하니 자리 잡고 있었다. 당시 나는 작고 허름한 민영아파트에 살았다. 그 건너편에는 외국인 전용 아파트단지가 마치 캡틴 아메리카처럼 버티고 있었다.

생각해보면 미국 방송, 영어 그리고 외국인 아파트에 이르기까지 삼위일체를 이룬 완벽한 미국식 환경에서 학창시절을 보낸 셈이었다. 게다가 영어권 음악에 미친 팝송 키드였다. 팝 음악은 내게 또 하나의 심장이자 일종의 신앙이었다.

팝 음악으로 중무장한 내게 망치질을 가했던 친구가 바로 근석이었다. 친구 데칼코마니의 지론에 따르면 음악에도 수준이 있었다. 녀석의 주장으로는 후진 음악을 좋아하는 놈은 자연스럽게 후진 놈이어야만 했다. 물론 그런 음악마저 모르는 놈이라면 말할 가치도 없는 무식한 놈이었다. 이렇게 음악을 매개로 한 인종사냥을 시작한 친구가 근석이었다. 문제는 후진 음악의 기준이 철저하게 근석이의 기호에 따른다는 점이었다.

녀석이 좋아하는 음악가가 '갑'이라면 내가 좋아하던 음악가들은 제3세계에 거주하는 유색인종 취급을 받아야 했다. 억울하지만 어쩔 수 없었다. 그 당시 학급에서는 외국 대중음악을 많이 아는 친구가 가장 멋지고 있어 보이는 존재였다. 다시 말해 음악에도 갑질이란 것이 존재했다. 나는 서글프게도 수준 낮은 팝송 쪼가리나 듣는 중인계급에 지나지 않았다.

조금
이상하지만,
재미있는
근석이의
음악세계

아쉬운 놈이 우물을 판다고 했던가. 나는 근석이의 음악세계에, 근석이의 예술적 오만함에 백기 투항했다. 인터넷이 없던 당시에는 텔레비전, 신문, 라디오가 정보를 흡수할 수 있는 매체였다. 집에 형제 또는 부모님께서 소장했던 음반(당시는 LP나 카세트테이프)이 많은 집이 동경의 대상이자 일종의 유토피아였다.

그런 측면에서 근석이는 행운아였다. 음악에 미친 내게 자존심이고 뭐고가 중요한 상황이 아니었다. 일단 근석이의 충실한 노예가 되는 길이 새로운 음악을 전수받는 길이었다.

근석이가 좋아했던 음악그룹을 다 기억할 수는 없다. 워낙에 말수가 적은 친구였고 대화라기보다는 독백에 가까운 독특한 발성법을 구사했던 인물이었기 때문이다. 기억을 되살려 보면 녀석은 퀸, 킹 크림슨, 핑크 플로이드, 르네상스, 뉴 트롤즈, 예스, 무디 블루스 등 유럽권 음악에 관심이 많았다. 여기에서 등장하는 영국산 그룹이 바로 프레디 머큐리가 이끄는 '퀸'이었다.

그해 가을, 근석이네 아파트에 놀러 갈 기회가 있었다. 아파트 마룻바닥에 깔렸던 베이지색 카펫이 멋지던, 게다가 마루 장식장에 늠름하게 자리 잡고 있던 오디오(당시 오디오에 대해서 무지했던 관계로 메이커는 기억이 나지 않는다.)에 이르기까지. 근석이는 내가 그리던 음악애호가로서 이상적인 삶을 살고 있었다.

녀석의 레코드 서랍장에는 그룹 '퀸'의 오리지널 LP 음반들이 늠름하게 자리를 지키고 있었다. 과일과 과자가 놓인 접시를 건네주시던 근석이 어머니에게 속으로 이렇게 외쳤다. '근석이 엄마. 부탁하건대 저를 입양해주세요. 온종일 음악을 듣는 착하고 성실한 아들이 되어드리죠.'

근석이가 틀어주는 '퀸'의 노래들을 메들리로 들으면서 음악천국 불신지옥을 경험했다. 말할 것도 없이, 부러웠다. '퀸'의 음반도, 비싸 보이는 오디오도, 데칼코마니도, 과일접시도, 근석이가 살았던 넓고 깨끗한 아파트도 전부 부러웠다. 나는 기억한다. 근석이가 멋대로 풀어놓은 휴지 뭉치들을. 고급 아파트 현관을 터덜터덜 나오던 검정교복을 입은 중학생의 허탈한 발걸음을. 그리고 프레디 머큐리의 단발마적인 외침을.

소리의
마술사,
프레디
머큐리

'퀸(Queen)'이라는 그룹 이름은 보컬리스트였던 프레디 머큐리의 아이디어에서 탄생했다. 그는 '퀸'이라는 어감에서 풍기는 음악적 이미지가 다른 어떤 단어보다 강력하다고 생각했다. 이는 다양한 함축적 의미가 내재한 밴드 명이자, 퀴어(Queer)적 이미지를 뛰어넘을 만한 음악적 가능성을 내포한 명칭이라고 프레디 머큐리는 인터뷰에서 말한다.

그룹 '퀸'은 데이비드 보위가 추구했던 실험적인 스페이스 록(Space Rock)과는 달리 현실적인 음악을 보여주었다. '퀸'의 음악을 그룹 레드 제플린의 속도감과 파워에 비교하자면 초창기 음반을 제외하고는 감성적인 면에서 차이가 존재한다. 보이 죠지가 이끌었던 컬처 클럽과 비교하면 록밴드라는 차원에서 그 출발점이 다르다.

프레디 머큐리는 그룹 '퀸'의 수많은 히트곡, 즉 킬러 퀸(Killer Queen : 고급 콜걸에 관한 이야기), 러브 오브 마이 라이프(Love Of My Life : 클래식적인 사운드를 염두에 두고 제작), 보헤미안 랩소디(Bohemian Rhapsody : 프레디 머큐리 스스로 자신의 최고작이라고 언급), 섬바디 투 러브(Somebody To Love : 소울 가수인 아네사 프랭클린의 창법을 고려), 위 아 더 챔피언스(We Are The Champions : 영국 스포츠의 상징인 축구와 축구팬을 상징하는 곡), 크레이지 리

틀 싱 콜드 러브(Crazy Little Thing Called Love : 프레디 머큐리 자신이 작곡한 곡들 중 가장 분위기가 색다른 곡. 이 곡을 들으면 엘비스 프레슬리가 떠오른다.), 언더 프레셔(Under Pressure : 스위스 몽트레에 위치한 데이비드 보위와 프레디 머큐리가 소유한 공동 스튜디오에서 즉흥적으로 완성한 곡. '퀸'의 노래 중에서 〈39〉 그리고 〈Another One Bites The Dust〉와 함께 이 곡을 가장 즐겨 듣는다.) 등을 완성했다.

그가
좋아했던,
몰입했던
것들

프레디 머큐리는 밴드에서는 카리스마 넘치는 보컬리스트이자 작곡자로, 무대에서는 청중들이 원하는 극적이고 개성적인 인물이었다.

그는 인터뷰를 통해서 자신이 동성애자라고 밝히고 있다. 그의 커밍아웃에도 '퀸'의 인기는 한마디로 난공불락이었다. 프레디 머큐리가 추구했던 이상은 동성애적 의미를 뛰어넘는, 모든 인간이 사랑할 수 있는 음악을 완성하는 데 있었다.

한편 프레디 머큐리는 영국 출신의 음악가인 엘튼 존(Elton John), 로드 스튜어트(Rod Stewart), 데이비드 보위(David Bowie) 등과 돈독한 친분관계를 유지했다. 그는 엘튼 존에 대해서는 유연한 인간관계와 로큰롤 장르의 개척자가 지녀야 할 능력을 지녔음을 격찬했으며, 로드 스튜어트와는 함께 밴드를 만들 생각까지 했다고 토로한다.

물론 엘튼 존도 포함해서! 생각만 해도 놀랄 만한 사건이 아닌가. 결국, 그룹을 완성하지 못한 이유는 세 명의 개성이 너무나 특이했기 때문이었다.

그는 미국 팝 음악사의 한 페이지를 장식했던 뮤지션 마이클 잭슨 (Michael Jackson)과도 음악적 영감을 주고받는 사이였다. 하지만 마이클 잭슨은 1983년 발표한 음반 스릴러(Thriller)의 대성공 후, 프레디 머큐리와 소원한 관계로 돌아선다. 대인기피증이 심했던 마이클 잭슨의 행보에 대해서 프레디 머큐리는 '자신의 성에 갇혀버린 존재'라는 표현으로 일축하고 있다.

프레디 머큐리 자신은 음악무대에서 마력을 발휘하지 않으면 존재해야 할 의미가 없다고 생각했다. 그의 음악철학은 자신보다 여섯 살 연상이었던 기타리스트 지미 헨드릭스의 열성팬이었던 시절부터 싹트기 시작한다. 그는 지미 헨드릭스가 자신이 꿈꿨던 모든 것을 무대에서 해낸 인물이라고 말한다.

프레디 머큐리는 록 밴드 레드 제플린(Led Zeppelin)의 팬이었다. 특히 보컬리스트 로버트 플랜트(Robert Plant)를 가장 독창적인 음악가라고 인정했다. 프레디 머큐리는 조지 마이클(George Michael), 어리사 플랭클린 (Aretha Franklin), 티어스 포 피어스(Tears for Fears), 조니 미첼(Joni Mitchell), 휴먼 리그(Human League), 폴리스(Police)의 음악을 즐겨 들었다.

사이렌의
유혹에
빠지다

프레디 머큐리는 대인관계에서 늘 마초적인 이미지를 연출하곤 했다. 그 속에는 반대로 감상적이며 유약한 성향이 외로운 다람쥐처럼 웅크리고 있었다.

주위 친구들의 출신, 직업, 예술감각 여부를 떠나 다양한 친분관계를 이루고자 했던 프레디 머큐리. 그의 이러한 성향은 자신의 출생지가 탄자니아의 자치령이었던 잔지바르였다는 점, 그리고 자신의 조상이 이란의 조로아스터교인 페르시아인이었다는 사실에서 기인한다. 그는 실제로 자신의 학생시절, 정통 영국인이 아니라는 이유로 주변으로부터 인종차별을 당한 경험을 토로했다.

1989년 프레디 머큐리는 에이즈 합병증으로 세상을 떠난다. 그의 나이 44살이 되던 해였다. 1946년생인 프레디 머큐리가 살아 있었다면 올해(2015년)로 칠순인 셈이다. 두툼한 하얀 콧수염을 기른 칠순의 뮤지션 프레디 머큐리가 무대에서 관객들과 노래 〈39〉를 열창하는 모습을 상상해본다.

10대 시절, 근석이를 통해서 알게 된 프레디 머큐리. 동네 상가 1층에 있었던 음반점 'A&M레코드'. 나는 방과 후 그곳에서 '퀸'의 히트곡이 담긴 테이프를 구매했다. 얼치기 수도승처럼 집 방구석에 틀어박혀 테이프가 늘어질 때까지 들었던 프레디 머큐리의 노래들.

내가 기억하는 프레디 머큐리에 대한 첫 느낌은 사이렌(Siren : 그리스 신화에 등장하는 마녀의 이름)의 유혹처럼 충격적이었다. 시간이 흐르고, 새롭게 알게 된 음악에 몰입하느라 '퀸'의 노래는 애청곡 순위에서 조금씩 밀려 났지만, 데칼코마니의 추억은 화석처럼 마음속에 남아 있다.

참고문헌

1. 사이먼 프리스, 윌 스트로, 존 스트리트 지음, 『대중음악의 이해』, 장호연 옮김, 한나래, 2006.
2. 그레그 브룩스, 사이먼 럽턴 지음, 『프레디 머큐리』, 문신원 옮김, 뮤진트리, 2009.

펠릭스 데니스

출판재벌인가, 예술가인가

마음에
안 드는
이빨 하나

5년 넘게 나를 귀찮게 하던 이빨이 있었다. 사랑니라고 오른쪽 아래쪽에 자리 잡은 녀석이었다. 왼쪽에 박힌 사랑니는 30대 시절에 이미 위, 아랫니를 모두 제거한 상태였다. 하루도 빠짐없이 오른쪽 구석에 두더지처럼 처박혀 있는 남은 사랑니가 신경에 쓰였다.

하지만 생이빨을 뽑는 게 어디 쉬운 일인가. 예전에 뽑기 힘들다는 아래쪽 사랑니를 뽑고 몸살 기운까지 도져서 일주일을 통증에 시달렸던 기억이 생생하다.

결국, 용기를 냈다. 인터넷을 뒤져 광화문 일대에서 가장 양심적으로 치과를 운영한다는 곳을 찾아냈다. 가장 늦은 시간으로 치료시간을 잡았다. 오늘은 두더지를 제거하는 날이다. 나는 도살장에 끌려가는 기분으로 치과 문을 열었다.

예상대로 치과에는 지긋한 나이에도 문제의 이빨을 친절하게 진료해주는 의사가 있었다. 이 사랑니는 옆에 있는 이빨을 오히려 보호해주는 역할을 하고 있기에 뽑거나 치료할 단계가 아니라는 것이었다.

도망치듯 치과를 빠져나오면서 기쁘다기보다는 착잡한 기분이 앞섰다. 두더지한테 미안했던 거다. 녀석은 골칫덩어리가 아니라 오히려 나를 지켜주던 고마운 존재가 아니었던가. 조심스럽게 두더지가 사는 뺨을 어루만져 보았다. 영하 날씨에도 두더지는 온기를 품고 있었다.

이번 장에서 소개하는 독신자는 펠릭스 데니스다. 그 역시 사랑니 같은 존재가 아닐까, 라고 생각해 보았다. 그는 미디어 재벌로서 부를 축적하는 인물이면서 다른 한 편으로는 문화예술에 대한 에너지를 아낌없이 쏟아냈던 두 가지 얼굴을 가진 인물이었다. 여기에서 과거형을 선택한 이유는 간단하다. 그가 2014년 지병으로 세상에서 사라졌기 때문이다.

결코
가난하지
않은 자의 예술론

1967년 런던의 '오즈(Oz)'라는 문화잡지사 편집실로 테이프 하나가 소포로 도착한다. 이곳은 기성문화와 보수이론에 대한 비판으로 젊은이들에게 많은 인기를 얻고 있는 대안문화 잡지사였다. 테이프에는 잡지에 대한 찬사일색의 미사여구가 녹음되어 있었다. 며칠 뒤, 테이프의 주인공이 오즈를 방문한다. 이유는 오즈에서 함께 일하고 싶다는 것이었다.

다 떨어진 복장에 부스스한 머리를 한 청년의 제안에 편집장은 단박에 오케이 신호를 보내지 않았다. 대신 청년에게 잡지 두 뭉치를 건넨다. 길에 나가서 잡지판매를 직접 해보라는 지시였다. 놀랍게도 청년은 반나절 만에 잡지를 모두 판매하는 수완을 발휘한다. 오즈 편집장 리처드 네빌은 사무실로 돌아온 청년을 정식 영업사원으로 채용한다. 이 청년이 바로 펠릭스 데니스다.

1947년 영국에서 태어난 펠릭스 데니스. 그의 아버지는 잡화점을 운영하면서 재즈 피아니스트로 활동하던 인물이었다. 그는 전원이 공급되지 않으며 화장실이 없는 집에서 성장했다. 그는 2006년 인터뷰에서 자신은 평범하지 않은 환경에서 성장했다고 말한다.

자신이 3살 무렵, 아버지는 가족을 남겨둔 채 호주로 이민을 떠난다. 펠릭스 데니스는 어린 시절부터 이혼한 어머니와 함께 독립적으로 성장한다. 아버지의 영향이었을까. 그는 10대 무렵부터 백화점 디스플레이 예술가로, R&B 밴드의 연주자로 활동하면서 돈을 벌었다. 이후 자신의 전공을 살려서 예술대학에 진학한다.

다시 오즈 사무실로 돌아가 보자. 당시 펠릭스 데니스에게는 급전이 필요했다. 그는 여자친구의 낙태비용을 구하기 위해서 자신의 악기를 모두 팔아치운 상태였다. 결과적으로 오즈 영업사원이라는 자리는 펠릭스 데니스의 적성에 딱 어울리는 자리였다. 그는 수개월 후 잡지사의 공동편집장으로 위치이동을 한다. 그의 타고난 예술적 재능과 잡지시장의 흐름을 정확하게 꿰뚫고 있는 능력이 편집장이라는 자리를 보장해준 것이었다.

펠릭스 데니스가 심혈을 기울였던 잡지사 '오즈'는 아쉽게도 1973년 재정난으로 폐간한다. 위기는 늘 특정 소수에게만 기회로 작용한다. 펠릭스 데니스는 같은 해 지인들의 자금지원을 통해서 '펠릭스 퍼블리싱'이라는 회사를 야심 차게 설립한다. 행운은 오래가지 않았다. 그는 연재만화 잡지를 창간했다가 실패의 고배를 마신다.

다시 반백수 상태로 회귀한 그는 런던거리를 헤매던 중 홍콩 출신의 쿵후스타 이소룡의 영화를 보기 위해서 장사진을 치고 있는 대중들을 목격한다. 펠릭스 데니스의 세 번째 선택은 쿵후잡지의 창간이었다. 삼고초려의 결실은 달콤했다. 조잡한 잡지인데도 〈월간 쿵후〉는 유럽 14개국에 판권이 팔려나가는 소위 초대박을 친다.

그는 도서출판에도 심혈을 기울였다. 무하마드 알리와 이소룡을 소재로 한 도서는 즉각 베스트셀러 반열에 오른다. 드디어 펠릭스 데니스가 출판업계의 미다스로 등극하는 순간이 도래한 것이다.

무엇을
할 것인가

그가 본격적으로 돈방석에 오르게 된 계기는 컴퓨터 잡지의 창간이었다. 1979년 퍼스널컴퓨터(PC)의 인지도가 전혀 없다시피 하던 무렵, 그는 거금 10만 파운드를 들여 '피시 월드(PC World)'라는 잡지사를 사들인다.

3년 만에 잡지사를 무려 300만 파운드에 다시 팔아치운 그는 새로운 컴퓨터 잡지인 〈맥 유저(Mc User)〉를 창간한다. 그의 내면에는 예술가적 기질과 냉철한 사업가적 기질 모두가 내재하고 있었던 것이다. 펠릭스 데니스는 다시 〈맥 유저〉를 2년 뒤에 2,000만 달러에 매각한다. 이후에도 여러 개의 컴퓨터 잡지를 창간하고 일부는 엄청난 이윤을 남기고 되파는, 복서 무하마드 알리 스타일의 복싱 스타일과 흡사한 치고 빠지기 전략을 지속한다.

예술대학 중퇴 경력의 펠릭스 데니스는 이미 30대 중반 무렵에 영국을 대표하는 미디어 재벌이 된다. 1995년에는 〈맥심(Maxim)〉이라는 잡지를 창간한다. 그가 추구하던 키치(Kitsch, 질 낮은 예술품을 뜻하는 단어로 상품과 메시지를 알리는 훌륭한 소구방법을 뜻한다.) 전략이 통했던 것일까. 섹스, 스포츠, 술, 파티라는 테마를 걸고 미국 출판시장에 진출한 이 잡지는 월 250만 부라는 경이적인 판매 부수를 기록한다.

펙릭스 데니스는 사업가로서의 면모보다는 자유분방한 사생활 때문에 유명세를 치르곤 했다. 늘 주장하던 '순간을 영원으로 사는 삶'의 결과물이었을까. 술, 마약, 여자는 독신남 펠릭스 데니스를 상징하는 일종의 아이콘이 되어 버렸다.

1990년대 후반부터 건강의 적신호가 오기 시작한 그는 다시 새로운 인생에 도전한다. 뜨내기 예술가에서 영업사원으로, 다시 출판계의 재벌로, 술과 마약에 빠진 탕아의 삶에서 또 다른 변신을 시도한 것이다.

이번에 선택한 삶은 놀랍게도 '시'와 '나무'였다. 2002년 첫 번째 시집을 출간한 그는 미국 전역을 돌면서 시낭송회를 열었다. 예술가로 변신한 그는 연간 200여 권에 달하는 방대한 독서와 하루 반나절을 글쓰기에 투입한다.

이와 함께 숲에 대한 열정을 불태운다. 영국 중부 워릭셔의 땅을 사모으기 시작하던 펠릭스 데니스는 매년 30만 평에 달하는 활엽수를 심는 작업에 착수한다. 사업가, 예술가, 자연주의자라는 1인 3역의 삶을 선택한 것이다.

세상에
꼭
필요한
존재라면

레기네 슈나이더의 『새로운 소박함에 대하여』를 살펴보면 "소박함이란 돈의 지배로부터 자유로워지는 새로운 라이프 스타일이며, 진정한 행복을 위한 소비자의 선택"이라는 문구가 등장한다. 물질의 세계 속에서 벗어날 수 없는 현대인의 아둔함을 지적하는 글이다.

펠릭스 데니스의 말년은 소박함의 추구였다. 2012년 인후암 판정을 받은 그는 자신의 웹사이트를 통해서 심경을 밝힌다. 자신은 더 많은 것을 이루어야 한다거나, 더 많은 이들을 도왔어야 한다거나, 더 많은 무지개를 따랐어야 한다고 생각하지는 않는다고, 모든 것의 마지막은 공허하다는 감상을 조롱하면서 세상을 떠나고 싶다는 말을 남긴다. 그는 자신의 남은 재산 8천억 원을 숲 재단에 남긴 후 표표히 세상을 떠났다.

예술가들에게 필요한 소양 중 하나를 가난이라고 말하는 이들이 있다. 지극히 과거형의 어법이다. 여기서 말하는 가난의 의미는 예술을 통해서 부를 추구하는 일이 없어야 한다는 20세기식 해석과는 거리가 멀다. 예술 행위 자체가 하루아침에 물질적인 보상을 받을 수는 없다.

따라서 전업예술가로 살기 위해서는 현실에서 부딪히고 깨져야만 하는 경제적 고통을 감수해야 한다. 그렇다고 끝이 보이지도 않는다. 5년을 무명작가로 살다가 예술계에서 사라질 수도 있으며, 수십 년을 기초생활비도 벌지 못하는 무명예술가로 연명해야 할지도 모른다.

예술가는 자발적 가난을 선택한 자들이다. 그 빈 공간에서 불어오는 찬바람은 예술 창조의 원천이 되거나 반대로 예술가에서 생활인으로 직업을 바꿔야 하는 촉매제가 될 수도 있다. 자본주의적 해석으로 본다면 펠릭스 데니스는 행운아다. 그는 어마어마한 물질적 풍요와 작가라는 예술행위 두 가지를 동시에 거머쥔 존재였다는 의미다.

펠릭스 데니스는 자신은 많은 것을 사랑했지만 정작 자기 자신을 제대로, 충분히 사랑하지 못했다고 토로한다. 자신을 있는 그대로 사랑하려면 용기가 필요한데, 용기가 부족했다고 말한다. 자신을 사랑하지 못하는 사람은 펠릭스 데니스뿐만이 아니다. 물질문명의 홍수 속에 갇혀버린 수많은 지구인이 자신을 스스로 사랑하는 법을 잊은 채 생활전선에서 허덕이고 있다.

그는 시인, 저자, 출판사업가, 자연주의자, 사회사업가 등 다양한 직업에서 화려한 결실을 맛보았다. 무한수익을 창출해야만 하는 기업가와 삶의 무형적 가치를 추구하는 예술가는 서로 물과 기름처럼 어울릴 수 없는 영역이 존재한다. 그 속에서 두더지처럼 웅크리고 있는 자신을 발견할 수 있는 능력은 스스로만이 알고 있다. 주변인들은 그 두더지가 계륵인지, 구세주인지 아니면 암 덩어리인지 알 수 없다.

중요한 것은 펠릭스 데니스의 말처럼 '용기'가 아닐까. 용기와의 이별을 고하는 순간, 인간은 노인의 외형으로 변신한다.

우리는 늙지 않기 위해서가 아니라 삶의 주인공이 되기 위해서 용기가 필요한 거다. 우리 속에 숨어 있는 두더지를 몰아내는 순간, 삶은 다시 내 것이 된다. 그에게 2% 부족했던 부분은 무엇일까. 자신 속에 숨어 있는 두더지를 찾아내지 못했다는 사실일 것이다. 아마도 그는 하늘나라에서 두더지와 숨바꼭질을 하고 있지 않을까 싶다.

참고문헌

1. 레기네 슈나이더 지음, 『새로운 소박함에 대하여』, 조원규 옮김, 여성신문사, 2000.

팻 메시니

나는 행복한 여행중독자

재즈란
무엇인가

나는 재즈광이다. 그렇다고 재즈음악 이외의 다른 음악을 무조건 폄하부터 하는 구질구질한 사고방식의 음악마니아는 아니다. 세상에는 재즈 말고도 멋진 음악이 모래알처럼 많다는 게 이유가 되겠다.

'나는 이러러한 장르의 음악을 좋아합니다.'에 따라서 그 사람에 대한 정체성이 세워지는 경우가 있다. 이를테면 클래식광이라면 학생시절에 두꺼운 뿔테안경을 쓰고 오로지 책과 씨름했던 기억 외에는 아무런 일탈의 추억도 가져보지 못한 범생이일 것이라는 선입견이 대표적인 예다.

그렇다면 록음악광은 어떨까. 그는 학생시절 적어도 한두 번의 정학을 받았을 것이며, 조금 더 나가면 남들보다 특이한 사춘기를 보낸 안드로메다형 인물일지도 모른다. 과연 사실일까.

그동안 만났던 음악에 미친 사람들의 경우, 앞 사례가 맞아떨어지는 때도 있었지만 그렇지 않은 경우도 허다했다. 내 경우만 해도 록에서 재즈, 재즈에서 클래식, 다시 클래식에서 포크음악으로 음악적 취향이 이동하다 보니(지금은 위에 기술한 장르의 음악을 잡탕으로 듣고 있다.) 좋아하는 음악은 이거다, 라고 말하기가 쉽지 않다.

록음악광이라고 해서 평생토록 레드 제플린이나 메탈리카의 음악만을 신봉하라는 법은 없다. 교향곡에 빠진 여인이 어느 날 재즈 트럼페터 마일즈 데이비스가 연주한 음반이라면 닥치는 대로 수집할 수도 있는 법이다. 한 장르의 음악만을 주야장천 반복해서 듣는 일만큼 지루하고 재미없는 음악감상법도 없다.

그럼에도 재즈하면 떠오르는 이미지가 존재한다. 조명도가 낮은 지하카페, 코발트블루 빛깔의 실내조명, 팔리아멘트 담배 연기(참고로 이 담배 회사는 과거에 재즈 페스티벌을 후원한 경력이 있다.), 캐주얼보다는 정장이 어울리는 도시의 남자, 냉소적인 자유주의자, 맥주 거품, 즉흥 연주처럼 유연한 말투, 뉴욕의 화려한 밤거리 등은 재즈를 나타내는 일종의 메타포다. 위에 나열한 어휘들을 조합해 보면 재즈는 적당히 세련된 분위기를 풍기는 자메이카산 블루마운틴 커피 같은 음악이라고 말할 수 있다.

무엇보다 재즈는 다른 음악장르에 비해서 애드립이라고 일컫는 즉흥

연주에서 빛을 발한다. 같은 곡을 연주자와 악기에 따라서 자유자재로 변형시키는 애드립은 한마디로 재즈음악의 꽃이다. 물론 클래식이나 록음악에서도 이러한 연주기법은 가능하지만, 재즈만큼 변화무쌍한 변주를 들려주기에는 한계가 있다.

노량진
대성다방의
추억

　　　　　재수생 시절에 재즈 기타연주자 팻 메시니를 알게 되었다. 어떤 소설가가 한쪽 다리에 목발을 한 채로 시내에 나가 보았더니 엄청나게 많은 절름발이가 보였다는 이야기를 한 적이 있다. 보이는 대로 보이는 것이 아닌 보고 싶은 대로 보이는 세상. 아마도 세상은 마음의 눈과 어느 정도 분리된 상태로 돌아가는 게 아닌가 싶다. 그런 면에서 세상은 자신의 시선에 따라서 조작되고 변형된다.

　지금도 마찬가지이지만 나는 장소를 불문하고 사냥개처럼 음악이나 음악에 미친 사람을 찾아내는 습성이 있다. 작년에는 전셋집을 일찍 비워달라는 주인의 성화 때문에 인근 아파트를 알아보다가 한쪽 벽면을 클래식 시디로 도배한 집을 발견했다. 3천여 장이 넘는 클래식 음반을 구경하느라 부동산 중개인의 설명을 건성으로 들어야 했다. 음반 때문이었을까. 나는 별 고민 없이 클래식 음반이 있던 집으로 전세계약을 마쳤다. 신촌 모대학의 화학과 교수라는, 음반 수집가의 명함을 챙겨온 것은 당연한 통과의례였다. 여유가 생기면 교수를 만나서 현대음악에 관한 이야기를 나눠 볼까 한다.

재수생 시절에도 사냥개 성향은 여전했다. 노량진에 있는 대입재수학원 근처 건물 2층에는 대성다방이라는, 신청곡 쪽지를 DJ석 창구에 넣으면 LP를 틀어주는 장소가 있었다. 당시 대성다방의 커피가 500원이었다. 짜장면이 800원이었던 시절이었으니까 대성다방의 커피는 그리 만만한 가격이 아니었다. 하지만 그곳에서 일단 500원을 계산하고 나면 온종일 음악을 들어도 눈치를 주는 사람이 없었다.

소문에는 중앙대학교에 다니다가 학생운동 때문에 퇴학을 당했다는, 길게 수염을 늘어뜨린 남자가 대성다방의 간판 DJ였다. 그는 프로그레시브 록, 포크, 사이키델릭, 블루스 등 다양한 음악을 방문객들에게 틀어주었다.

그해 가을이었나 보다. 모의고사 시험성적은 좀처럼 오르지 않고 포장마차의 소주 맛은 갈수록 달콤해지던 시절, 오후 수업을 마치고 바로 앞자리에 앉은 재수생 친구 창화와 대성다방에 들렀다. 눈인사로 DJ를 보는 형과 아는 척을 한 후에 신청곡을 적으려고 메모지를 꺼내는 순간, 스피커에서 명징한 기타소리가 새어 나왔다. 뭐냐 이건. 나는 떨리는 손으로 메모지에 신청곡 대신 연주곡의 제목과 연주자를 알려달라는 글을 적었다.

곡의 제목은 〈트래블스(Travels)〉라는, 기타리스트 팻 메시니(Pat Metheny)가 이끄는 그룹의 연주곡이었다. 다음 날 나는 재즈음반을 모으던 친구 종수를 통해 팻 메시니라는 기타 신동에 대해서 알게 되었다. 연주곡 〈트래블스〉가 담긴 두 장짜리 LP는 1983년에 발표된 '팻 메시니 그룹'의 라이브 음반이라는 것, 이 연주곡 때문에 서울에서 재즈음악을 좀 튼다는 카페에서는 이 음반을 경쟁적으로 구비하고 있다는 것, 겨우 20세 초반의 나이에 미국 버클리 음대에서 강사로 활동했다는 것, 무엇보다도 팻 메시니는 연주능력이 최고 수준인 예술가라는 것까지.

팻 메시니로부터 시작한 재즈음악 사냥의 연대기는 지금까지 이어져 오고 있다. 미국의 음악방송 인터뷰에서 팻 메시니가 자신이 존경하는 세 명의 기타연주자를 웨스 몽고메리, 케니 버렐 그리고 짐 홀이라고 말한 적이 있다.

이심전심일까. 나는 팻 메시니 못지않게 즐겨 듣는 재즈 기타리스트의 음반을 지금까지 300여 장 가까이 수집했다. 이 외에도 조지 벤슨, 가보르 자보, 허브 엘리스, 에릭 게일, 래리 코리엘, 바니 케셀, 러셀 말론, 빌 프리셀, 래리 칼턴, 스티브 칸, 앨런 홀스워스, 존 애버크롬비, 빌 코너스, 랠프 타우너, 존 스코필드, 탈 팔로우 등의 기타연주자와 20년이 넘는 음악적 교감을 누려 왔다.

그것을
추억이라
부른다

흔히 재즈연주라고 하면 트럼펫이나 색

소폰이라는 악기를 먼저 떠올리기 마련이다. 조금 더 나아가면 베이스나 피아노 또는 드럼이 있겠지만, 기타는 재즈연주 분야에서 비교적 작은 영역에 속한다. 아무래도 사운드 측면에서 연주장을 압도할 만한 음역을 지니고 있지 않기 때문이다. 하지만 기타연주의 진정한 매력은 일렉트릭이든 어쿠스틱이든 간에 악기에서 나오는 작은 울림의 미학에서 빛을 발한다.

빈 수레가 요란하다고 했던가. 공연장에서는 박진감이 넘치고 웅장한 사운드가 관객들에게 환영을 받기 마련이다. 그렇지만 때로는 기타처럼 울림이 오래가는 악기에 관심을 둬보는 것도 좋은 경험이다.

팻 메시니는 사계절 내내 전 세계를 여행하면서 지낸다. 수년 후 연주 일정까지 빼곡하게 짜여 있는 일상 속에서 그는 멋지고 아름다운 독신의 삶을 살고 있다.

팻 메시니의 음악적 선배이자 친구인 찰리 헤이든이라는 연주자가 있다. 그는 팻 메시니와 함께 1997년 〈비욘드 더 미주리 스카이(Beyond The Missouri Sky)〉라는 듀엣 앨범을 발표하여 재즈애호가들의 커다란 사랑을 받은 바 있다. 찰리 헤이든은 연주활동을 유지하기 위해서 독신으로 사는 팻 메시니를 가족처럼 챙겨준 인물이다. 베이스 연주자 찰리 헤이든은 아쉽게도 2014년 7월 74세의 나이를 끝으로 세상을 떠난다.

팻 메시니가 본격적으로 대중에게 알려진 것은 1982년이었다. 그해 '팻 메시니 그룹'은 앨범 〈오프램프(Offramp)〉를 통해서 미국에서 열리는 그래미 최우수 재즈 퓨전상을 석권했다. 팻 메시니에게 부와 영예를 안겨

준 이 음반 때문에 앨범 제작사인 ECM까지 덩달아 유명세를 타는 나비효과를 얻게 된다. 재즈연주에 신시사이저를 도입한 신개념의 재즈연주를 펼치는 팻 메시니는 수많은 추종자를 낳을 정도로 현대 재즈음악계에 커다란 영향을 미친다.

세상의 모든 음악가는 자신의 연주곡과 노래를 아끼고 사랑하는 대중들을 위해서 무대에 올라가는 것을 최고의 가치로 여긴다. 팻 메시니에게는 연주 무대가 그의 거처이자 보금자리다. 그는 배우자와 가족에게 쏟을 에너지를 그의 연주를 사랑하는 재즈 팬들을 위해서 쏟아낸다.

만일 그가 20대 시절, 가정에 안착했더라면 30여 장에 달하는 걸작음반들을 완성할 수 있었을까. 무엇보다도 팻 메시니의 팬들이 사랑하는 연주곡 〈트래블스〉를 작곡할 수 있었을까.

1980년대 후반부터 팻 메시니의 음반들이 국내에 라이선스 음반으로 쏟아져 나오기 시작한다. 또한, CD라는 음원이 LP를 대체하기 시작하면서 팻 메시니가 발표했던 음반들을 손쉽게 구할 수 있게 되었다. 이제는 유튜브를 통해서 언제든지 그의 음악을 감상할 수 있다.

낡고 빛깔이 바랜 볼품없는 소파와 무너져 내릴 듯한 나무 탁자 그리고 백판이라고 불리던 복사판 LP의 자글거리는 소리가 내가 떠올리는 대성다방의 추억이다. 다방이 위치한 건물 지하에는 대성각이라는 중국집이 있었다. 시험을 마치고 나면 학원친구들끼리 지하 중국집에서 짬뽕을 안주 삼아 24도짜리 진로소주를 마시고 2층에 있었던 대성다방으로 몰려가 음악을 듣던 기억이 물안개처럼 떠오른다.

이제 대성다방은 그곳에 없다. 그곳에서 흘러나오던 자글거리는 백판 LP의 소리도 대성다방과 함께 시간 속으로 사라졌다. 아날로그만의 정감 있는 사운드는 시디로, 다시 파일로 변해가면서 자신의 존재 자체를 쓱쓱 지워버렸다. 하지만 그곳에서 처음으로 만났던 팻 메시니의 명징한 기타 소리는 내 기억 속에 고스란히 남아 있다. 나는 그것을 두 글자로 추억이라 부른다.

난 지금 싱글이고 그건 내가 선택한 거에요. 너무 바빠서 누군가를 알아갈 시간이 없거든요. 섹스를 하지 않는 건 괜찮아요. 다른 사람을 알아가면 되거든요. 난 독신주의자에요.

_레이디 가가

제2장

한국의 독신자들

SINGLES IN KOREA

김동길

나는 문사철이다

1980년대
여성들의
아이콘

        1980년대 여성 월간지에서 원하는 남성 인터뷰 1호는 누구일까. 영화감독 배창호, 배우 안성기, 가수 김수철, 미술가 백남준, 지휘자 정명훈. NO-NO-NO. 놀라지 마시라. 정답은 소개하는 김동길 박사다.

    당시 나이로 그는 50대 독신남이었다. 그가 뭇 여성들의 관심의 중심에 서 있던 시대는 군부독재 문화가 기승을 부리던 1980년대였다. 독신문화가 한국에 연착륙하기 전, 그는 이미 여성들이 가장 만나고 싶어 하는 한국의 지식인이자 매력남이었다. 그는 올해로 나이가 88세다. 자신의 홈페이지(http://www.kimdonggill.com)를 운영하면서 하루도 빠짐없이 '자유의 파수꾼'이라는 제목의 글쓰기를 하고 있다.

혹시 김동길이라는 사람을 잘 모르는 독자를 위해서 간단히 그의 약력을 소개한다. 1928년 평안남도 맹산 출생, 평안고등 보통학교, 연세대학교 영문학, 에번즈빌대학교 사학, 보스턴대학교 철학박사과정 수료, 1955~1991년 연세대학교 전임강사, 조교수, 부교수, 교수 역임, 1962년 연세대학교 교무처장, 1980년 연세대학교 부총장, 1991년 국민당 최고위원, 1992년 신민당 공동대표, 1996년 자민련 선거대책위원회 공동위원장, 1996년 5월 자민련 탈당, 정계 은퇴, 현재 사단법인 태평양 위원회 이사장 역임 중.

여기에서 주목할 만한 부분이 있다. 김동길의 숨어 있는 약력이다. 그는 한국식 인문학을 구성하는 3가지 학문, 즉 문사철을 모두 전공한 인물이라는 점이다. 문학에서 사학으로 다시 사학에서 철학으로 때 이른 융합 과정을 거친 인물이 바로 김동길이다. 그는 문사철 3인방을 두루 경험한, 흔치 않은 인문학자다.

내가 처음으로 기억하는 김동길의 모습은 텔레비전 코미디 방송에서였다. 그가 방송에 등장해서 이 말 한마디면 상황은 자동으로 종료였다. "이게에~ 뭡니까?" 비꼬는 것도 아니고, 욕하는 것도 아니고, 그렇다고 즐거워하는 것도 아닌, 한국의 사회현상을 한탄하는 중년교수의 일갈이었다. 이러한 김동길식 표현이 애초에 연출된 발언이었는지, 진지한 시사토론을 위해서였는지 알 수 없다. 어쨌든 그는 교수, 정치가뿐 아니라 방송에 잘 어울리는 노총각 엔터테이너로 세상에 알려진다.

이번에는 그가 저술한 책을 살펴보자. 김동길의 홈페이지에 의하면 그는 무려 80권이 넘는 저서를 출간했다. 그는 마광수처럼 아카데미즘보다는 저널리즘의 영역으로 침투한 글을 즐겨 썼다. 대중과 소통하겠다는 의지가 학문에 대한 열정을 초월한 것이었다. 그의 글은 가볍게 읽힌다. 김동길은 복잡한 사상을 풀어놓는 인물이라기보다는 요샛말로 쿨~한 학자이자 저자에 속한다.

그가
말하고자
하는
것

그는 한국의 대학 운동권 1세대다. 평안도 사투리에 직설화법을 톡톡 던지는 원로 시사토론가 정도로 판단하기에는 그 나름의 인생역정이 만만치 않다. 노무현 대통령 자살 유도발언으로 그의 이미지는 원조 보수를 상징하는 인물로 굳어졌다. 하지만 그는 남북통일을 염원하는 발언이라든가, 정치의 균형적인 발전을 위해서 좌파니 우파니 하는 편 가르기보다는 양쪽에서 고르게 정치주도권을 잡아야 한다는, 중도노선을 지향하는 발언을 내놓기도 한다.

조금 더 들어가 보자. 통진당 해산 사태를 국민의 승리라고 말하는 그는 보수적 성향이 뼈에 박힌 옛날 어르신이다. 하지만 그의 젊은 시절을 돌이켜 보면 보수나 진보를 떠나서 자신의 소신이 세워지면 색깔론에 구애받지 않는 좌충우돌 격 성향의 소유자라는 점을 발견할 수 있다.

다음은 1970년대의 김동길의 모습이다. 대한민국 군사재판에서는 김동길에게 '반정부 반학생 데모를 선도해 전국적인 폭력운동을 전개하여 국가를 전복시키려 했다.'라는 이유를 들어 징역 15년이라는 철퇴를 가한다. 이것이 바로 1974년 벌어진 민청학련 사건이다.

자신의 소신에 따라서 인생을 내려놓을 수도 있는 뜨거운 남자가 바로 김동길이었다. 1970년대면 김동길이 교수로 연세대학교라는 안정적인 직장에 몸을 담고 있던 시절이었다. 말 한마디 잘못하면 교수고 뭐고 간에 군사재판으로 인생을 종 치는 시국이었다. 그는 김찬국 교수와 함께 정권이 만들어낸 유신헌법 철폐를 위해서 1973년 후반부터 이를 주도해 나간다. 그들은 당시 대학생들의 전폭적인 지지를 등에 업고 학생시위를 선도하는 역할에 주력한다.

당시 김동길과 김찬국의 변호를 맡았던 한승헌 변호사는 1975년 반공법 필화사건으로 구속된 후 항소심을 통해서 풀려 나온다. 하지만 그는 군부정권으로부터 변호사 자격을 박탈당한다. 요즘처럼 돈줄을 막아보겠다는 정치권의 치졸한 의도였다. 이후 한승헌 변호사의 두 번째 인생을 위해서 김동길은 그의 출판사 이름을 직접 지어준다. '삼민사'라는 이름이었다.

길을
잃은
그대에게

1970년대 김동길 교수는 소위 잘 나가는 베스트셀러 작가였다. 수많은 출판사가 그와 계약하기 위해서 러브콜을 보낼 때, 열혈남아 김동길은 한승헌이 운영하는 출판사의 손을 들어준다. 김동길은 책『길을 잃은 그대에게』를 완성한다. 삼민사 제1호 출판서적이었다. 책은 불티나게 팔렸다. 이에 문화공보부는 김동길의 책에 대해서 출판금지라는 강수로 맞대응한다. 지금으로 따지면 김동길은 재야인사나 다름없는 행동하는 지식인이었다.

그는 징역선고에 대해서 1심 항소를 포기한다. 법이 법 같지 않다는 게 죄수 김동길의 공식적인 답변이었다. 멋지지 않은가. 대중들은 공익을 위해서 자신의 가장 소중한 부분을 도려내는 이들에게 환호한다. 이를 정신적인 대리배설이라는 가설로 설명하기에는 불충분하다. 세상맛을 알 만큼 알 나이인 40대 중반의 대학교수가 받아들여야 했던 현실치고는 녹록지 않았다는 말이다. 그는 불행 중 다행으로 이듬해 형집행정지 판결을 받아 석방된다.

김동길이 온몸으로 받아냈던 정권과의 한판승부를 돌이켜 보면, 그의 정치성향을 한마디로 정리하기는 쉽지 않다. 그가 말하는 모양새는 분명 보수지만, 그가 중년의 세월을 보냈던 1970년대는 정치적 저항으로 점철된 시간이었기 때문이다.

나는 흔히 '논객'이라고 불리는 젊은 진보주의자들에게서 커다란 매력을 느끼지 못한다. 그들의 미래를 점칠 수 없다는 게 결정적인 이유다. 나이가 들고, 돈이 필요하고, 세상의 높은 벽을 깨닫고, 원하는 것은 점점 더 멀리 달아나고, 육체적 쇠락까지 겹쳐 정신마저 혼미해져 갈 때, 진보적인 사상을 변함없이 움켜쥘 수 있는 자가 흔치 않기 때문이다. 그것을 굳이 변절이니 배신이니 하는 저급한 용어로 정리하고 싶지도 않다.

머리가 희끗희끗해진 진보주의자는 매력적이다. 그들 중에는 늦바람 때문에 진보사상에 심취한 이들도 없지 않을 것이다. 하지만 상당수는 나이가 들어서도 자신의 인생철학을 현실이라는 돌 바닥에 파묻지 않는 용기있는 자들이다. 김어준이 말했던 대로 진보의 치명적인 단점 중 하나인 '자신들이 세상에서 제일 우월한 존재'라는 선민의식만 털어버린다면 말이다.

다시
김동길
닷컴

그는 여전히 방송토론 및 글쓰기를 게을리 하지 않고 있다. 직장으로 따지면 은퇴하고도 무려 30년에 가까운 세월이 지났음에도 현역으로 활동하는 셈이다. 멋지지 않은가. 멋지다기보다는 부럽다는 게 정확한 표현일 것이다.

학자 김동길은 자신의 홈페이지를 통해서 지금도 거침없는 글쓰기에 몰입 중이다. 정치, 사회, 역사, 사건·사고 등 소재를 가리지 않고 자신의 속내를 노출한다. 그는 아카데미즘에서 빠져나와 저널리스트로서의 삶을 고수하고 있다.

아쉬운 점이라면 작금의 김동길이 쏟아내는 글은 젊은 세대들에게 그다지 인기가 없다는 거다. 그리 감각적이지도 않고, 신세대들이 혹할 만한 감성적인 문장 또한 찾기 어렵다. 하지만 김동길이라는 이름 석 자에서 풍겨 나오는 행동하는 지식인의 풍모는 좌우를 떠나서 한국 역사의 산증인으로서 의미를 지닌다.

두 번째로 아쉬운 점은 그의 인문학적 기반에 정치 경험만으로도 충분히 자신의 논리를 펼 수 있음에도 종교적인 이슈를 아무 때나 조미료로 가미한다는 점이다. 개인의 종교적 호불호는 공인으로서의 발언에 필요한 도구라기보다는 지극히 개인적인 신념이나 내밀한 성향 정도로 그치는 것이 좋지 않을까.

현실을 해석하는 데 있어 지나칠 정도로 종교적인 선호도를 강조한다는 것은 그가 원하는 대중과의 소통에 벽이 될 수 있다. 특히 현대 인문학에서 종교는 인간을 좌지우지할 수 있는 절대권력의 자리에서 자취를 감춘 지 오래다. 이 점이 못내 아쉽다.

우리에게 '하루'의 의미는 무엇일까. 80대 후반의 학자 김동길에게도, 88만 원 인생을 살아가는 20대에게도, 취업난에 시달리다 못해 미래를 다운사이징 해야 하는 30대 젊은이에게도, 퇴직의 공포에서 헤어나지 못하는 40대 노동자에게도 '하루'는 변함없이 주어진다.

　어떤 이는 소통을 위해서 글을 쓰고, 또 어떤 이는 소통을 차단하기 위해서 글을 쓰지 않는다. 어떤 이는 소통보다 절실한 무엇을 위해서 일을 해야 하고, 또 어떤 이는 절실한 무엇마저 가져보지 못한 채 하루를 보낸다. 우리에게 필요한 것은 무엇일까. 해답을 건네줄 수 있는 김동길급 학자들의 사회문화적인 활약이 아쉬운 시대다.

참고문헌

1. 김동길 지음, 『김동길 칼럼집』, 서음미디어, 1997.

2. 김동길 지음, 『젊은이여 어디로 가고 있는가』, 현문미디어, 2012.

앙드레김

A형 노총각의 사생활

당신은
그에게서
무엇을
보았는가

　　　　　앙드레김의 인터뷰 기사를 읽으면서 혼
란에 빠지는 이들이 적지 않을 것이다. 혹시 앙드레김이 결혼했던 경력이
있었나, 앙드레김이 결혼을 꿈꾸는 로맨티시스트인가, 앙드레김은 도대체
어떤 사람인가, 등등의 궁금증들.

　　그렇다. '앙드레김'이라는 이름 넉 자가 주는 이미지는 참으로 다양하
다. 그의 독특한 억양과 그가 하루에 세 번씩 갈아입는다는 흰색 의상, 한

국 패션계를 이끌어온 경력, 그의 패션쇼에 등장했던 수많은 유명인, 일반인들과는 한참이나 격리된 사회에서 사는 특별한 존재가 앙드레김이라는 선입견에 갇혀 있는 이들이 적지 않다.

그의 원래 이름은 김봉남이다. 패션디자이너 김봉남의 고향은 프랑스 파리도, 이탈리아 밀라노도 아닌 대한민국 경기도 고양시였다. 1935년 경기도 용인에서 태어났다. 부모님의 직업은 농사꾼이었다. 중학교 시절부터 사람의 의상을 그리는데 관심이 많았지만 가정 형편상 국외유학은 김봉남의 희망 사항일 뿐이었다.

그의 혈액형은 소심하고 꼼꼼하다는 A형이다. 혈액형론자의 주장으로는 A형 중에는 예술가적인 기질과 카리스마를 가진 인물이 많다고 한다. 김봉남에게는 두 명의 어머니가 존재한다. 그를 낳아주신 어머님과 키워주신 어머님. 김봉남을 키워주신 어머니는 그가 24살이 될 무렵, 세상을 떠난다.

조영남은 자신의 저서 『조영남의 수다』를 통해서 다음과 같이 앙드레김을 설명하고 있다. 앙드레김의 겉모습은 거의 외계인 수준이며 보통 사람과 판이한 모습을 지녔다고. 물론 사람은 저마다 다른 모습과 개성을 지녔다지만 앙드레김은 개성의 수준을 뛰어넘는 독보적인 특징을 지녔으며 앙드레김 자신이 의상작품이요, 예술작품인 셈이라고 언급한다.

조영남은 이에 덧붙여 앙드레김이 고집하는 한 가지 옷차림, 즉 계절별로 30벌을 소유하고 있다는 흰색 복장에 주목한다. 이러한 독창성은 구찌나 샤넬, 이브 생로랑, 알마니도 앙드레김을 따를 수 없다고 조영남은 주장한다. 그는 두 번째로 앙드레김의 화장법을 강조한다. 마지막으로 그는 앙드레김의 독특한 언어구사 방식을 이야기한다. 조영남은 한국어와 외국어를 적절히 섞어 구사하는 앙드레김의 말씨와 억양에서 문화인의 이미지를 떠올린다. 조영남은 요란하게 드러나는 앙드레김의 모습은 단지 외형적인 부분에 지나지 않는다고 말한다. 그는 패션디자이너 앙드레김이 한국 최고의 문화인이라고 주장한다.

디자이너 김봉남, 서울을 접수하다

6·25 전쟁은 1950년대를 살았던 한국인이라면 예외 없이 감당해야 했던 삶의 지옥이었다. 그는 고등학교 시절, 전란을 피해서 부산으로 피난한다. 당시는 한국에 디자인 학원이나 의상학과가 없었던 시절이었다.

어쩔 수 없이 학생 김봉남은 외국에서 발행한 패션, 영화잡지를 보면서 패션에 대한 감각을 독학한다. 그가 패션디자이너의 삶을 선택한 계기는 오드리 헵번이 주연했던 영화 〈파리의 연인〉을 통해서였다. 영화에서 오드리 헵번은 50벌에 가까운 의상을 갈아입고 연기를 한다. 당시 등장했던 의상 대부분이 지방시의 작품이었다.

1961년 김봉남은 디자인학원 1기로 입학한다. 당시 1기 디자이너는 총 30명. 이 중에서 남자는 김봉남을 포함하여 불과 3명에 지나지 않았다. 경제적으로 여유가 없었던 김봉남은 서울 소공동 조선호텔 근처의 양복점을 방문하여 자신의 쇼 윈도를 얻는 데 성공한다. 한국 최초의 남성 패션디자이너가 탄생하는 순간이었다.

그는 아버지의 지원금을 합쳐 이듬해 10월, 자신의 첫 의상실인 〈살롱 드 앙드레〉를 오픈한다. 앙드레라는 이름은 한국 프랑스 대사관에서 근무하던 외교관이 지어준 이름이었다. 〈살롱 드 앙드레〉는 프랑스 출신의 문호 앙드레 지드에서 영감을 얻었다고 그는 회고한다.

같은 해 반도호텔에서 첫 의상발표회를 연다. 성실함과 완벽주의를 추구하는 앙드레김의 성향은 순식간에 한국과 외국 패션업계에서 주목을 받는다. 1966년 앙드레김은 프랑스 파리에서 한국 최초로 패션쇼를 개최한다. 그의 나이 30대 초반 무렵의 사건이었다.

앙드레김은 유명인을 자신의 패션쇼 모델로 참여시키는 것으로도 유명하다. 그는 여성의 경우, 신비감이 있으며 기품있는 교양미를 표출하는 인물을 모델로 삼는다. 최은희, 김지미, 윤정희, 고은아, 문희, 황신혜, 심은하, 김희선, 최지우, 송혜교, 박세리, 조수미가 바로 그 예다. 남성의 경우, 자기 일에 몰두하는 인물이면서 지적이고 우수 어린 분위기를 지닌 인물을 모델로 한다. 장동건, 현빈, 배용준, 차인표, 송승헌, 장혁, 류시원, 최수종, 김재원, 고수, 이동건, 지성, 이성재, 안성기, 공유, 소지섭, 이승엽, 홍성흔, 안정환, 이동국 등이 앙드레김의 패션쇼를 빛낸 인물들이다.

어느
독신
디자이너의
취향

앙드레김은 룸살롱, 도박, 술, 담배, 커피, 골프, 노래방, 개고기, 예의 없는 사람, 생선 비린내, 교통체증, 중년여성의 과다노출, 느끼한 음식, 경제적인 여유가 있으면서도 주위에 인색한 사람들을 싫어한다.

그의 언어에서 상대방을 배려하는 분위기가 지나칠 정도로 많이 드러나는 이유는 선천적인 예의중독 취향에서 기인한 것이다.

앙드레김은 애완견, 흰색, 공중도덕, 에티켓, 샐러드, 물냉면, 김치찌개, 된장찌개, TV 프로그램 도전 골든벨, 도전 지구탐험대, 미켈란젤로의 작품, 불교, 춘원 이광수의 작품, 가와바타 야스나리의 소설 『설국』, 드라마 〈겨울연가〉의 주제가, 이니그마의 음악, 도니체티 오페라 〈남몰래 흐르는 눈물〉, 푸치니 오페라 〈나비부인〉, 가수 GOD, HOT를 좋아한다.

앙드레김은 물질주의자인가. 물질주의자 김봉남. 멋진 의상과 화려한 조명 사이로 미남미녀가 줄을 지어 등장하는 화려한 패션업계를 떠올린다면 자연스러운 가정일 수 있다.

하지만 정답은 'NEVER'다. 그는 국내외 패션쇼를 준비할 때, 기본 경비를 주최 또는 초청자 측에서 모두 지원해주는 조건에서만 움직인다. 비행기 또한 일등석을 고집한다. 여기까지는 여느 물질주의자들과 크게 다를 바가 없다.

그렇지만 앙드레김에게는 예외가 존재한다. 유니세프, 즉 유엔아동기금을 위한 패션쇼는 철저하게 자비로 준비한다. 또한, 인천국제공항에서 열리는 패션쇼의 경우 의상제작비, 연출비, 진행비, 모델료를 제외하고는 절대 돈을 받지 않는다.

이유는 한국을 대표하는 국제공항의 패션쇼는 결국 나라를 위한 행사이기 때문이다. 앙드레김은 50년 가까이 패션업에 종사하면서 부를 축적하는 기회를 스스로 내려놓았던 멋진 인물이다. 그에게는 영리와 비영리를 구분하는 자신만의 철학이 있다.

정혜신 박사의 저서 『남자 vs 남자』에서는 앙드레김을 치열한 장인정신으로 자신만의 작품세계를 고집하는 예술가라고 묘사한다. 그녀는 앙드레김을 보면서 웃음을 터뜨리거나 실없이 희화화하려는 군중심리에 대해서도 일침을 가한다. 이러한 현상은 앙드레김의 내면세계를 정교하게 살펴보는 작업이 선행된 다음에야 판단을 내릴 수 있는 문제라는 것이다.

앙드레김을 이해하는 코드는 여러 가지가 있다. 우리는 여기서 '이해'라는 전제조건에 주목할 필요가 있다. 나 또한 미디어에서 접한 앙드레김의 이미지, 즉 어투, 외모, 직업 등에 현혹되어 그를 단지 특이한 정신세계의 소유자 정도로 치부했던 적이 있었다. 패션디자이너 앙드레김이 아닌, 인간 앙드레김을 이해하는 데에는 시간이 필요했다.

앙드레김은 늘 새벽 5시에 기상해서 열 개가 넘는 일간지를 정독하는, 일요일에도 일하는 성실한 직업인이었다. 앙드레김은 남자아이를 입양하여 친자식과 다름없이 사랑을 주는 호혜적 인물이었다. 앙드레김은 물질보다는 봉사와 희생에 초점을 맞춘 인생을 살았던 박애주의자였다. 앙드레김은 최고의 상품코드인 섹시함을 터부시하는 흔치 않은 디자이너였다. 마지막으로 앙드레김은 배려와 예절에 적합한 응대법에 익숙한 한국의 신사였다.

단지
다르다는
이유로

이 정도로 앙드레김을 설명할 수 있을까. 나는 앙드레김의 인터뷰 자료와 기사에서 가장 놀랐던 부분은 다름 아닌 그의 결혼관이었다. 앙드레김은 결혼제도에 대해서 '반드시 일반화되어야 할 가치 있는 삶의 형태'라는 보수적인 사고를 지니고 있었다.

그는 죽는 날까지 낭만적인 결혼에 대한 꿈을 가지고 있었다. 인터뷰에 따르면 앙드레김은 자신의 열정을 일에 쏟다 보니 결혼하지 못했다고 토로했다. 그는 결혼예찬론자다. '결혼', 과연 독신자로서 결혼의 긍정성을 자신 있게 피력할 수 있는 이가 몇이나 될까?

앙드레김이 살았던 시대만 해도 독신자라고 하면 색안경을 끼고 바라보는 이들이 대부분이었다. 하지만 그는 자신의 삶과 일과 가치관에 대해서 용기있는 태도를 보였다. 그 용기에서 비롯한 건강하고 긍정적인 인생관이 결혼에 대한 가치를 거리낌 없이 말할 수 있는 원천이 되지 않았을까.

세상에 객기 있는 사람은 많다. 하지만 용기 있는 자는 흔치 않다. 앙드레김의 모습이 단지 자신과 다르다는 이유로 냉소를 던진 이들은 반성이 필요하다. 적어도 문화인 앙드레김은 자신이 걸어왔던 삶과 다른 사회적 제도를 인정하고 포용할 수 있는 '커다란 그릇'이었기 때문이다.

예술가 앙드레김은 2010년 여름, 71세의 나이로 세상을 떠난다. 80대에도 쉬지 않고 일하는 디자이너가 되고 싶었던 앙드레김. 늘 자신을 낮추고, 타인을 존중하며, 흐트러짐 없는 에티켓을 중시했던 문화인 앙드레김의 치열하고 올곧았던 삶에 큰절을 올린다.

참고문헌

1. 정혜신 지음, 『남자 vs 남자』, 개마고원, 2001.

2. 이승재 지음, 『앙드레김 My Fantasy』, 아침나라, 2002.

3. 조영남 지음, 『조영남의 수다』, 자음과모음, 2009.

마광수

나는 야한 남자가 좋다

강하지
못하지만
알고 보면
강한 남자

서울 이촌동에 자주 들르는 술집이 있었다. 요즘은 주로 홍대 술집들을 이용하지만 2년 전만 해도 좋아하는 교수님과 술잔을 기울이던 장소가 이촌동 술집이었다.

그곳은 교수님이 가장 좋아하는 단골술집이었다. 일하는 직원들이 모두 친절하고, 맛내기가 쉽지 않은 꼬치안주, 고소한 맛을 자랑하는 감자구이, 달콤한 은행구이가 일품인 곳이었다. 기억으로는 1990년 초반인가 생긴 술집인데 장사가 잘되자 가게를 두 배로 늘린 것으로 기억한다. 처음부터 술집타령이 길어진 이유는 그곳에서 작가 마광수를 보았기 때문이다.

그의 주위에는 늘 서너 명의 지인들이 모여 있었다. 그리 행복하지도 그렇다고 불행하지도 않은 표정으로 찬찬히 대화를 주고받는 마광수의 넉넉한 표정이 떠오른다. 작가 마광수의 글을 좋아한다. 아니 그의 '야한 정신'을 본받고 싶고, 늘 야한 남자로 살고 싶다. 나야말로 그리 야하지 못한 가정에서 성장했기 때문이다. 가지지 못한 것이 커 보인다고 했던가. 자유나 낭만과는 전혀 상관없는 성장기를 보냈기에 내 관심사는 자연스럽게 마광수류의 자유주의 이론에 경도되었다.

시간이 지나면서 자유에는 그만큼의 책임이 따르며 쉽게 성취할 수 없는 존재라는 사실을 깨닫게 되었다. 그런 가까이하기엔 너무 먼 자유를 몸소 실천하는 인물이 소개하는 독신남 마광수다.

대학시절 마광수 교수의 수업을 들었던 연대 출신의 친구가 있었다. 녀석에 의하면 마광수의 학점 부여 방식은 한 가지 원칙이 있다고 했다. 자신의 성경험을 최대한 적나라하게 묘사하는 학생의 과제에 높은 점수를 준다는 것이었다. 당시는 그냥 우스갯소리로 듣고 흘렸다.

그로부터 무려 25년이 넘는 세월이 흘렀다. 글을 읽는 처지에서 글을 쓰는 처지가 되었다. 글 쓰는 이들, 특히 문학창작을 해보았던 이들에게 마광수 교수가 제안했던 '자기 드러내기'식 글쓰기는 반드시 거쳐 가야 하는 과정이다. 이 통과의례가 없이는 독자들이 원하는 진정성 있는 글쓰기를 시도할 수 없다. 독자들의 눈초리는 작가의 머리 위에서 존재한다. 어떤 작가도 독자들의 동물적인 감각을 뛰어넘을 수 없다.

초짜 작가들은 자신의 글을 독자들이 모두 이해하지 못한다고 착각하는 경우가 많다. 사실일까. 절대 그렇지 않다. 독자들이야말로 작가 못지 않게 글의 진정성에 대해서 감각적으로 받아들이는 영험한 존재이기 때문이다. 작가가 아무리 농을 치고 이리저리 위악을 떨어 보아도 정말이지 잘해야 책 한 권 정도에서 연극은 막을 내리기 마련이다. 글쓰기란 독자들과의 소통이다. 소통능력을 상실한 글은 껍데기일 뿐이다.

마광수는
마광수다

마광수는 1951년 경기도 수원에서 태어났다. 다른 작가들처럼 독서를 최고의 가치로 삼았던 마광수의 진로는 이미 고등학교 시절부터 확정되었다. 그가 다녔던 대광고등학교는 속칭 경기, 서울, 경복 고등학교류의 일류고가 아니었다. 고등학교 입학이 명문대 입학을 결정하는 바로미터였던 시대였으니 입학경쟁이 치열했음은 물론이다.

하지만 마광수는 출신 고등학교의 자유로운 문화를 즐기고 사랑했다. 정규수업보다는 문화예술 활동에 대한 지원과 탈권위적인 학풍이 마광수의 성향과 찰떡궁합처럼 맞아떨어진 것이다.

마광수는 어머니가 원하는 의대에 진학할 수 있는 성적이었음에도 국문학과를 선택했다. 글쓰기를 위해서였다. 연세대학교 국문학과에 입학한 마광수는 글쓰기뿐만 아니라 미술과 연극에서도 탁월한 재능을 드러낸다. 연세대에서 박사과정을 시작한 그는 1978년까지 연세대, 강원대, 한양대 등에서 문학 시간강사를 역임한다.

3년간의 시간강사를 마친 마광수는 홍익대학교에 전임강사를 지원한다. 아무런 연줄도 없이 30 : 1의 경쟁률을 물리치고 마광수는 20대 후반에 홍대교수로 자리를 잡는다. 마광수의 신화는 여기서 그치지 않는다. 1983년 마광수는 〈윤동주 연구〉로 박사학위를 받는다. 그는 지금까지도 최고의 윤동주 논문을 쓴 인물로 남아 있다. 홍익대학교의 자유로운 교풍을 즐기던 마광수는 연세대학교의 요청으로 국문학과 조교수로 취임한다.

그의 말대로 벙어리 3년, 귀머거리 3년이 필요했던 것일까. 강의와 함께 저널리즘식 창작행위에 심취하던 마광수가 유명세를 타기 시작한 것은 그가 좋아했던 글쓰기를 통해서였다.

여기에서 아카데미즘식 글쓰기와 저널리즘식 글쓰기의 차이에 대한 설명이 필요하다. 아카데미즘식 글쓰기는 흔히 대학원 과정에서 필요로 하는 논문식 글쓰기에 해당한다. 비문이나 유행어는 물론이고 문장에서도 해당 대학원과 교수들이 원하는 방식에 철저하게 따라야 한다는 전제가 있다. 따라서 아카데미즘식 글쓰기는 철저하게 대중적이지 않다. 가끔가다 이런 글이 출판의 형태를 띠고 세상에 나오는 일이 있기는 하다.

하지만 이런 경우는 논문의 주제가 상업성을 띨 만큼 재미있거나 특이

한 소재일 경우로 제한된다.

반대로 저널리즘식 글쓰기가 존재한다. 이는 논문식 글쓰기에서 벗어난 자유로운 창작형태로 대중과의 접점을 꾀하는 글쓰기다. 신문, 잡지, 책, 방송원고 등이 대표적인 예다. 대학교수 중에서 저널리즘식 글쓰기를 즐기는 이들이 적지 않다. 지금은 교수 자리를 그만둔 김정운,『장미의 이름』의 저자인 움베르토 에코, 세로토닌의 중요성을 책과 강의로 알리고 있는 이시형 박사,『나의 문화유산답사기』시리즈의 유홍준 명예교수 그리고 마광수 작가가 대표적인 경우다.

대학교수가 저널리즘식 글쓰기를 시도하는 데에는 여러 가지 이유가 있을 것이다. 그런데 대학의 엄숙주의가 저널리즘식 글쓰기를 시도하는 교수들에게 걸림돌이 되는 경우가 허다하다.

물론 아카데미즘식 글쓰기 과정이 존재해야만 이를 확대재생산하는 저널리즘식 글쓰기가 가능하다. 일종의 공생관계라는 말이다. 비록 움직임은 느리지만, 논문이라는 형태의 지식결합체가 탄생하고 나서 이를 응용한 사회이론이나 현상이 나오는 경우가 허다하기 때문이다.

마광수 교수는
인도와도
바꿀 수 없습니다

1989년은 저널리즘식 글쓰기를 지향하는

마광수 교수에게 최고의 해였다. 그의 시 제목에서 따온 에세이집『나는 야한 여자가 좋다』와 시집『가자, 장미여관으로』가 연타로 대박을 쳤기 때문이다.

출판시장에서 제목의 중요성은 말할 나위가 없다. 제목을 바꿔서 밀리언셀러가 된 자기계발서가 있는가 하면, 1997년 경제불황 시대에 가족애에 호소하는 제목 하나만으로 출판시장을 뒤흔든 소설책이 있었다. 물론 이 소설가의 다음 작품은 시장에서 조용히 사라졌다.

마광수 교수의 책은 보수적 학풍에 물들어 있던 대학가를 뒤흔드는 커다란 사건이었다. 하지만 책 내용을 살펴보면 제목에서 의미하는 선정적인 내용은 일부에 지나지 않았다. 요즘에야 이런 제목의 책이 나온다 해도 크게 사회적 이슈가 되지 않는다. 하지만 당시는 민주화 운동의 열기가 그치지 않던, 소위 운동권 문학 이외에는 작품성 자체를 논할 수 없는 시대였다.

마광수식 글쓰기는 여기에서 그치지 않는다. 1990년에는 장편소설『권태』,『광마일기』, 에세이집『사랑받지 못하여』가 출판시장에 선을 보인다. 이듬해에는 기세를 몰아 이외수, 이목일, 이두식과 함께 동숭동 '나우갤러리'에서 〈4인의 에로틱 아트전〉 전시회를 개최한다. 마광수표 문학에서 마광수표 미술로 지평을 넓히기 시작한 것이다. 문화비평집『왜 나는 순수한 민주주의에 몰두하지 못할까』와 마광수 신드롬 3탄 격인 장편소설『즐거운 사라』를 발표한다.

'야한 여자' 돌풍으로 시작한 마광수 현상은 오래가지 못했다. 1991년 간행물 윤리위원회의 판금조치로 책『즐거운 사라』를 자진수거 및 절판시키는 비극이 발생한다. 문제는 여기에서 그치지 않았다. 이듬해 청하출판사에서 개정판으로 출간한 『즐거운 사라』를 외설이라는 이유로 검찰에서 마광수를 전격 구속수감시킨 것이다.

이 사건에 대해서 강준만은 책 『마광수 살리기』에서 마광수 사건은 다른 삶의 양식을 혐오하는 사회현상이라고 비판한다. 이는 한국문학계에 뿌리 깊게 자리 잡은 문학 신성주의와 깊은 연관성이 있다고 주장한다. 강준만은 마광수식 마녀사냥의 배경에 지성과 양식이 존재하지 않는 한국사회의 공허한 이면이 숨어 있다고 지적한다. 마지막으로 그는 문단정치와는 거리가 먼, 순수한 열정의 소유자인 마광수를 보호하지 못하는 한국의 폐쇄적 문화에 안타까움을 표하고 있다.

명문대학 출신의 국문학도에서 교수로, 다시 베스트셀러 작가로 공간이동을 하던 마광수에게 구속수감이라는 형벌은 치명적인 상처였다. 상처는 여기에서 그치지 않는다. 1993년에는 마광수와 친분이 있다는 교수의 주도로 연세대학교에서 직위해제 처리가 된 것이다. 사회와 직장과 출판계와 동료작가와 후배 모두에게서 철저하게 버림받은 마광수 교수는 자살기도라는 극단적인 선택을 하게 된다. 그는 이후 이혼과 병치레로 고통의 시간을 감수해야 했다.

시대의 양심은 사라진 것일까. 한국사회는 마광수라는 심약한 작가를 완벽하게 매장한 것일까. 여기에서 작은 불씨가 피어오른다. 1995년 연세대학교 학생회의 주도로 『마광수는 옳다』라는 책을 출간한다. 마광수는 학생들의 열화같은 요구로 무학점 강의를 시도한다. 작은 용기의 발현이자 학생들과의 소통을 지속하는 과정이었다.

연세대학교 학생회는 학교 정문에 〈마광수 교수는 인도와도 바꿀 수 없습니다〉라는 감동적인 문구를 내걸기에 이른다. 결국 마광수 교수는 상처투성이인 상태로 1998년 연세대학교에 복직한다. 문제의 작품 『즐거운 사라』는 일본 아사히 TV 출판부에서 출간하여 무려 10만 부가 넘는 판매고를 올린다.

우리
시대의
양심

마광수 작가는 지금까지 무려 50여 권에 달하는 저서를 출간한 다작의 소유자다. 무엇보다도 그의 글은 쉽게 읽힌다. 지식인으로서의 허위의식과 자존심보다는 대중들과의 호흡을 원하는 작가양심의 발로다.

이번 글을 쓰기 위해서 10년 넘게 읽지 않았던 마광수의 다른 책들을 집중적으로 읽어 보았다. 20대에 접했던 그의 글쓰기가 내게 성적인 자극을 주었다면, 30대에 접했던 그의 글쓰기에서 자유의지의 가치와 소중함을, 40대에 접한 그의 글에서는 영원히 늙지 않는 문학소년의 용기를 배웠다.

영원한 청년작가 마광수. 그의 가치를 인도와 비교할 수 없다고 힘주어 말하는 이들이 넘쳐날 때, 한국사회의 문화적 다양성은 진일보할 것임이 틀림없다.

참고문헌

1. 마광수 지음, 『나는 야한 여자가 좋다』, 자유문학사, 1989.

2. 마광수 지음, 『가자, 장미여관으로』, 자유문학사, 1989.

3. 마광수 지음, 『권태』, 문학사상사, 1990.

4. 마광수 지음, 『광마일기』, 행림출판사, 1990.

5. 마광수 지음, 『나는 왜 순수한 민주주의에 몰두하지 못할까』, 민족과문학사, 1991.

6. 마광수 지음, 『즐거운 사라』, 서울문화사, 1991.

7. 마광수 지음, 『운명』, 사회평론사, 1995.

8. 마광수 지음, 『성애론』, 해냄출판사, 1997.

9. 마광수 지음, 『자유에의 용기』, 해냄출판사, 1998.

10. 마광수 지음, 『알라딘의 신기한 램프』, 해냄출판사, 2000.

11. 정혜신 지음, 『남자 vs 남자』, 개마고원, 2001.

12. 강준만 외 지음, 『마광수 살리기』, 중심, 2003.

13. 마광수 지음, 『모든 사랑에 불륜은 없다』, 에이원북스, 2008.

14. 마광수 지음, 『미친 말의 수기』, 꿈의열쇠, 2011.

15. 마광수 지음, 『멘토를 읽다』, 책읽는 귀족, 2012.

16. 마광수 지음, 『나의 이력서』, 책읽는 귀족, 2013.

17. 마광수 지음, 『생각』, 책읽는 귀족, 2014.

박근혜

냉정과 온정 사이

진보와
보수만이
존재하는
세상

진보와 보수의 공통점은 무엇일까. 가장 먼저 떠오르는 것은 두 가지 정치 이데올로기 모두 '좋은 세상'을 목표로 한다는 것이다. 나는 정치의 존재 이유를 인간이 이데올로기의 노예가 아닌, 인간의 자유와 행복을 위해서 가교역할을 해주는 데 있다고 생각한다.

따라서 어떤 이데올로기이든 간에 인간이 이것에 끌려다니는 비극은 없어야 한다고 믿는다. 인간은 생각만큼 합리적이거나 영리하지 못하다.

이데올로기의 속성 또한 마찬가지다. 자칫 잘못하면 인간을 무뇌아로 만드는 기폭장치가 바로 이데올로기다.

그렇다면 진보와 보수가 말하는 '좋은 세상'의 정체가 무엇인지 궁금해진다. 이론적으로는 이렇다. 우선 진보가 말하는 '좋은 세상'이란 가진 자보다는 못 가진 자를 먼저 생각하는 세상, 다수자보다는 소수자의 인권을 먼저 배려하는 세상, 특권층이 아닌 사회공동의 혜택을 먼저 생각하는 세상, 시장주의가 아닌 국가 주도로 사회복지를 현실화하는 세상이다.

보수가 말하는 '좋은 세상'이란 변화보다는 지금 이대로의 세상이다. 물론 여기에는 전제가 따른다. 시장주의를 인정한다는 전제로 빈익빈 부익부와 능력주의를 기반으로 한 경쟁체제를 이어간다는 것이다. 미국보다는 나이가 어리지만 수십 년간 일진의 자리를 굳건하게 지키고 있는 신자유주의도 보수의 논리를 대변해주는 이데올로기 중 하나다.

그렇다면 세상에는 해와 달, 여자와 남자, 선진국과 후진국, 빛과 그늘, 동양과 서양처럼 정치판에 진보와 보수라는 극단의 이념만이 존재할까. 그렇지는 않다. 서양사학자들이 자기방어를 위해서 애써 만들어놓은 양비론은 과거의 유물일 뿐이다.

진보와 보수 역시 정치라는 커다란 물웅덩이 속에서 화해의 악수와 멱살잡이를 번갈아 하는 사회체계 중 일부다. 따라서 중도라는 정치이념 역시 가변적인 이데올로기일 뿐이다. 불행하게도 한국의 정치사를 되돌아보면 '빨갱이'라는 매카시즘의 유령이 여전히 진보와 보수를 편 갈이 하는 도구로써 전용되고 있다. 진보는 빨갱이, 보수는 꼴통, 이것만이 정답이 아니라는 말이다.

작가 목수정은 우파는 사람들을 얌전히 성냥갑 안에 놓고 통제하려 들며, 좌파는 그 통제의 틀을 뛰쳐나오려고 한다고 말한다. 정신의 무한한 자유를 추구하고 모든 살아 있는 것들과 조화로운 상생을 꿈꾸며 깨어 있는 존재가 좌파라면, 텔레비전 앞에서 일생 대부분을 보내면서 일찌감치 자신의 영혼을 무덤 속에 파묻고 보수언론의 선동을 묵묵히 받아들이며 개발이라는 핑계로 생태를 파괴하는 것이 발전이라고 믿는 쪽이 우파라고 말한다. 이 정도에서 자파와 우파의 편 가르기를 마치기로 하자.

정치적
여인의
탄생

박근혜는 정치인이면서, 여자이며, 독신자이다. 그것뿐인가. 박근혜는 박정희 대통령의 딸이면서 어린 시절부터 부모를 잃고 동생들과 함께 삶의 온갖 평지풍파와 맞서야 했던 가장이기도 하다. 이 네 가지 정체성 중에서 그 무엇도 소홀히 하지 않았던 인물이 박근혜다. 맞는 이야기인가. 질문에 대한 답은 정치가가 아닌 인간 박근혜만이 알고 있다.

하지만 정치적으로 바라보는 박근혜 대통령의 모습에서는 절제와 인

내라는, 온정보다는 냉정에 가까운 기류를 느끼기 마련이다.

아버지와 어머니의 이른 죽음, 프랑스 유학을 포기하고 귀국해야 했던 젊은 시절, 대한민국에서 단 한 명만이 살 수 있는 청와대에 두 번씩이나 들어간 사연, 수십 년간 버텨 온 정치인으로서의 삶, 이 정도만으로 박근혜를 설명할 수는 없다.

2014년 12월 9일 자 한국일보 기사 〈이충재 칼럼〉에 따르면 1960~1970년대 정권의 수혜자로 살았던 박근혜의 삶은 아버지의 죽음과 함께 배신 트라우마에 시달렸다고 한다. 박정희 대통령의 죽음 이후 또 다른 군부정권이 자리를 잡는 과정에서 박근혜가 감수해야 했던 현실은 얼음처럼 차가웠다.

박근혜는 평소 그녀 주변에서 머리를 조아렸던 기회주의자들의 냉대와 이중적인 태도를 감수해야 했다. 비극은 또 다른 비극을 낳는다. 박 대통령의 사망 이후 박근혜는 어떤 이에게도 좀처럼 마음을 열지 않는 폐쇄적인 인물로 변해야만 했다.

이러한 폐쇄성은 박근혜만의 상처는 아닐 것이다. 월급쟁이들이 모여 있는 회사의 권력구조 또한 다르지 않다. 직원들은 임원의 카리스마에 무조건 복종하는 동작을 취한다. 하지만 그것은 자신보다 높은 계급에 대한 태도일 뿐이지 임원의 인격이나 품위에 감동하여 움직이는 부분은 극히 일부분에 지나지 않는다.

이것이 바로 권력의 정치학이다. 대중들은 본능처럼 권력 지향성을 가지고 있으며 그 권력의 무게가 자신을 압도하는 상황에서는 철저하게 고개를 숙인다.

문제는 여기서 그치는 것이 아니다. 이러한 복종의 악순환 속에서 사람들은 배신이라는 정치적 속성에 조금씩 적응한다는 사실이다. 박근혜는 1980년대를 인생의 암흑기로 받아들여야 하는 질박한 운명의 주인공이었다. 그녀는 스스로 1980년대를 인간으로서 고통의 바닥 끝까지 다녀온 기분이라고 언급한 바 있다. 한국을 경제성장과 독재정치라는 빛과 그늘로 설계했던 아버지의 실각은 박근혜에게 정치의 두 얼굴을 깨닫게 해준 사건이었다.

따라서 박근혜의 말과 행동에서 느껴지는 차가움은 지극히 자연스러운 현상이다. 게다가 마초근성이 다분한 남성 정치인들이 득실거리는 정치판에서 자신의 입지를 키워 온 내성은 박근혜가 존경해 마지않는 영국의 대처 수상과 다를 바 없는 정치적 강인함의 상징이 되어버렸다.

딜레마는
딜레마가
아니다

정신과 전문의인 정혜신은 저서 『사람 vs 사람』에서 정치인 박근혜를 부성 콤플렉스 영향권 내에 있는 존재라고 설명한다. 그녀의 분석심리학에 의하면 권력 지향적인 아버지를 둔 자식의 경우, 실재적 세계가 아닌, 신화적 색채가 가득한 세계에 함몰된다고 말한다. 그는 일상적이고 사소하고 소모적인 상황을 거부하고, 정신주의자로서 어떤 상황에서 무너지지 않는 고집이 있으며, 종국에는 지적인 인간으로 인정을 받는다고 한다.

하지만 그는 가까이 있는 사람에게조차도 인간적인 빈틈을 보이지 않는 초인적인 면모를 보인다고 저자는 설명한다. 이러한 면모 역시 온정보다는 냉정한 성향에 가깝다.

이번에는 반대의 경우를 생각해 보자. 박근혜가 냉정한 정치인이라면 노무현은 온정적인 정치인으로 형상화할 수 있다. 노무현의 학생시절 생활기록부에서도 확인할 수 있듯이 그는 다분히 감정적이고 예측할 수 없는 면모가 강한 인물이었다.

이러한 성향은 그가 대통령으로 제2의 정치인생을 살았던 시절에도 변함없이 나타난다. 어떤 상황에서도 말을 아끼는 박근혜와 달리 노무현은 다변가였다. 연설 상황에서도 준비된 자료보다는 자신이 그때그때 하고 싶은 말을 아끼지 않았다. 이러한 즉흥성은 보수 미디어 매체의 좋은 먹잇감이 되고는 했다.

우리는 대통령이라는 존재에 대해서 일종의 신화적 이미지를 가지고 있다. 대통령은 시민과는 매우 다른 감정이 있으며, 모든 상황 판단이나 지적인 척도에서 무조건 우위에 서야 한다는 일종의 강박관념인 셈이다. 과연 그럴까. 그들도 우리처럼 화장실에 가야 하고, 때가 되면 잠을 자야 하고, 화가 나면 사람이 싫어지는 인간일 뿐이다. 이러한 인간적인 동류의식과 신화화 차원의 간극의 배경에는 정치인과 미디어의 조작적 기능이 숨어 있다.

이 시점에는 대통령 박근혜와 인간 박근혜라는 두 가지 차원의 바라보기가 필요하다고 말하고 싶다. 대통령 박근혜는 한국에서 소수에 속하는 여자 정치인이자 독신자이며 동시에 독재자의 딸이기도 하다. 이는 도덕적이고, 가정적이면서 나라를 이끌어갈 수 있는 친한국적인 이미지와는 엄연한 거리감이 존재한다. 이런 상황에서 왜 박근혜가 '준비된 대통령'이라는 슬로건을 내세워 대통령에 당선된 사실에 대한 정치공학적 해석은 생략하고자 한다.

중요한 것은 박근혜가 유교적인 보수성과, 단일민족이라는 고집과, 미국보다도 더 미국적인 문화를 지향하는 한국이라는 나라에서 두 가지 면모를 동시에 보여주고 있다는 것이다. 진보적인 각도에서 박근혜를 바라본다면 그녀가 가지고 있는 정체성, 즉 소수자를 대변할 수 있는 이미지가 보인다.

그녀가 새로운 문화계층으로 부각되고는 있으나 아직 주류에 속하지 못한 독신자라는 점과, 한국 최초의 여성대통령이라는 점은 보수적인 담론체계에서 바라볼 때, 시사하는 바가 크다. 그렇지만 박근혜의 정치노선은 이와는 다른 지향점을 향하고 있다.

그녀는 국민복지라는 중도적인 노선을 제안할 때 정도를 제외하고는 철저하게 보수적인 정치색을 띠고 있다. 여기에서 박근혜가 처한 현실과의 괴리감이 나타난다. 하지만 이 부분을 기회라고 해석할 수는 없을까.

나는 대통령 박근혜가 가지는 두 가지 이미지 즉, 스스로는 소수자에 속해 있으나 시각은 철저하게 보수적인 성향을 갖춘 부분에 주목한다.

보여주는
것과
보여지는 것

박근혜를 지지하는 이들의 공통점은 하나같이 자신들의 소시민적인 감성을 박근혜와 함께 공유하고 있다는 착시현상에 빠져 있다는 점이다. 대통령의 딸로서 현실과는 배제된 상황에서 학생시절을 보내고, 다시 청와대에서 어머니의 역할과 자식의 역할 그리고 국가를 상징하는 퍼스트레이디의 삼중고를 겪어야 했던 박근혜. 그녀에게서 서민적인 면모를 끌어낸다는 것은 쉽지 않다.

하지만 박근혜는 해냈다. 그녀는 한국경제를 되살린 아버지의 저돌적인 이미지와 여성계를 대표하는 감성적인 이미지 그리고 냉정하면서도 절제가 돋보이는 정치인으로서의 이미지를 혼합하여 자신을 형상화하는 데 있어서 국민의 공감대를 얻어냈다.

문제는 소통이다. 지도자로서 소통의 이미지에 집착하게 되면 주객이 전도되는 정신적 피로골절이 발생할 수 있다. 그렇다고 자신을 향해 입바른 소리를 해대는 수하 정치인들과 각을 세울 경우, 말 그대로 온실 속의 정치인이라는 비난에서 자유로울 수 없다.

국민은 대통령에게 모든 것을 원한다. 하지만 대통령이라는 자리는 모든 것을 국민에게 내줄 수는 없다. 여기에서 다시 소통의 문제가 화두로 등장한다. 높은 자리에 올라갈수록 권위와 힘은 단단해진다. 그 단단함 속에서 망치를 들 사람은 시간이 지날수록 소통의 하향곡선을 이룬다. 결국, 권력자 주변에는 무조건 복종하려 드는 정치꾼들만이 득세하기 마련이다.

아무리 깨끗한 물에도 먼지와 빗방울이 스며들기 마련이다. 그게 바로 물의 속성이다. 고인 물은 자연히 썩기 마련이다. 흐르는 물은 세상의 지저분함을 끌어안고 위에서 아래로 흐른다. 독신자로서의 인간적 외로움과 사회적 단절감을 이겨내고 국정을 이끌어가는 존재가 대통령이다. 나는 박근혜를 통해서 냉정과 온정이라는 두 가지 색깔을 동시에 보고 싶다. 물론 그 사이에는 소통이라는 소중한 연결통로가 반드시 존재해야 할 것이다.

참고문헌

1. 정혜신 지음, 『사람 vs 사람』, 개마고원, 2005.

2. 김종욱, 김헌태, 안병진, 이철희, 정한울 지음, 『박근혜 현상』, 위즈덤하우스, 2010.

3. 손석춘 지음, 『박근혜의 거울』, 시대의창, 2011.

4. 김경 지음, 『나는 항상 패배자에게 끌린다』, 달, 2013.

임순례

와이키키 브라더스의 추억

내
인생
최고의
영화 한 편

다음은 영화 〈와이키키 브라더스〉에 관한 영화평 모음이다. 어차피 대박 친 영화가 아니기에 광고 홍보성 글은 없으리라는 전제로 부담 없이 실어 보았다. 출처는 'NAVER 영화'임을 밝혀 둔다. 읽어 보시라.

• 영화가 끝나는 마지막 순간에도 그는 기타를 붙들고 있었지.

- 굴곡진 인생길을 돌고 돌아 마침내 한 무대에 서게 된 세 사람. 마지막 장면에서 눈물을 쏟았다.

- 한국스럽고, 한국다운 한국영화.

- 가슴이 먹먹해지고 우울해졌다. 너무 슬프고 눈물이 난다. 나도 저렇게 되겠지? 소주 한 잔이 생각난다.

- 꿈 머나먼 현실 그러나 꿈은 이루어질 수 있다.

- 결국, 희망 마취제를 맞으며 살아나가는 게, 삶.

- 허름한 현실을 힘겹게 버티는 현대인에 대한 임순례 감독의 눈물 어린 찬사.

- 여관방에서 전날 숙취에 찌든 채 방바닥에 앉아 마일드세븐 피는 느낌.

- 비본질이 본질을 비웃는 시대… 가짜가 진짜를 밀어내는 시대. 비본질적인 세상에서 진짜로 살아가는 것은 정말 행복한 걸까? 이 영화가 조금은 답해 주었다. 이렇게 아름다운 해피엔딩은 처음이다.

영화 〈와이키키 브라더스〉를 정확히 다섯 번 보았다. 두 번은 광화문 시네큐브라는 영화관에서, 나머지 두 번은 비디오 테이프로, 마지막은 2014년 11월 인터넷 응모에 당첨된 신촌 메가박스에서였다.

임순례 감독이 만든 이 영화는 정재은 감독의 역작 〈고양이를 부탁해〉와 함께 한국 여성감독 영화의 계보를 잇는 중요한 작품이다. 아쉽게도 두 개의 영화 모두 높은 작품성에도 흥행은 빛을 보지 못했다. 〈고양이를 부탁해〉를 보고 감명을 받은 가수 조영남은 개그맨 전유성과 합심하여 종로의 영화관을 통째로 빌려 '고양이 신드롬'을 일으켜 보고자 노력하기도 했다.

한국영화
흥행의
방정식

영화의 성공적인 흥행을 위해서는 감독, 시나리오, 배우, 홍보라는 네 가지 요소가 동시에 충족되어야 한다. 거기에다 영화내용과 관련이 있는 사회적 이슈가 시기적절하게 터져 나올 때 영화는 흑자를 기록할 가능성이 높다.

문화예술 장르에서 영화나 뮤지컬처럼 도박성이 강한 분야는 없다. 그만큼 관객들의 선호도를 읽어내기 어려운 분야가 영화다. 그렇다고 제작비가 적게 드는가. 그렇지도 않다. 한국에서 내로라하는 배우 한 명의 몸값이 러닝 개런티까지 합친다면 10억을 오르내리는 형국이다. 그렇다고 제작비 절감 차원에서 무명배우를 간판으로 내세울 수도 없는 노릇이다. 유명 배우의 출연 여하에 따라서 영화흥행의 운명이 달려 있다고 해도 과언이 아니다.

영화 〈와이키키 브라더스〉에는 황정민, 박해일, 류승범, 박원상, 오지혜, 오광록, 이봉규 등이 출현한다. 이름 석 자만 보아도 잘 알려진 배우들이 여기저기 눈에 띈다. 하지만 아쉽게도 이 영화가 등장했던 시기는 2001년이었다.

황정민도, 류승범도, 박원상도 한국 영화판에서 두각을 나타내기 전이었다. 따라서 이 영화는 빼어난 완성도에도 소리 소문 없이 사라져 버린 저주받은 영화 중 한 편이 되었다. 〈와이키키 브라더스〉는 음악영화라는 인터넷 기사를 읽고 별 기대 없이 보았던 영화였다.

남성 4인조 밴드인 와이키키 브라더스는 한 곳에 정착하지 못한 채 출장 연주를 전전하는 그룹이다. 팀의 리더 성우(이얼 분)는 자신의 고향인 수안보의 와이키키 호텔에 일자리를 얻는다. 수안보로 가던 길에서 멤버 한 명이 탈퇴한다. 색소폰 주자 현구(오광록 분)는 밴드 활동을 포기하고 가족이 사는 부산으로 사라진다. 나머지 멤버들을 이끌고 수안보에 도착한 성우. 그는 수안보에서 고교시절 밴드를 하며 꿈을 나눴던 친구들과 재회한다. 음악에 대한 열정으로 뭉쳤던 친구들은 그동안 먹고사는데 찌든 생활인으로 변질해 있었다.

약국을 운영하는 민수는 오로지 돈이 인생의 전부다. 시청 건축과에 근무하는 수철은 환경운동가로 활동 중인 인기와 사사건건 마찰을 겪으며 갈등하는 상황에 놓여 있다. 성우에게 음악을 가르쳐 주었던 음악학원 원장은 알코올 중독에 빠진 병자가 되어 있었다. 고교시절 성우의 첫사랑이자 가수였던 인희(오지혜 분)는 남편과 사별하고, 트럭 야채 장사를 하며 생활하는 중이었다.

무명 밴드인 와이키키 브라더스 멤버들의 삶은 혼란과 좌절의 연속이다. 바람둥이 건반 연주자 정석(박원상 분)은 여자들과 늘 문제를 일으킨다. 순진한 드러머 강수(황정민 분)는 목욕탕의 때밀이 아가씨와 사귀지만 정석에게 여자를 빼앗긴다. 급기야 사고를 치고 밴드를 떠나는 강수. 그는 마을버스 운전사로 새 출발을 한다.

결국, 마지막까지 음악활동을 하는 사람은 단 두 명이다. 정석과 주인공 성우. 성우는 사랑했던 여인 인희와 함께 여수로 떠난다. 사랑밖에 난 몰라, 라는 노래가 울려 퍼지는 가운데 서서히 클로즈업되는 밤무대가 보인다. 열창하는 인희의 모습 뒤에 행복해하는 정석과 성우의 모습이 서서히 등장한다.

우리나라에는 임순례 감독이 있다

〈**와이키키** 브라더스〉를 보기 전, 이미 임순례 감독의 영화 〈세 친구〉를 관심 있게 본 상태였다. 두 영화의 차이라면 〈와이키키 브라더스〉에서 느낄 수 있는 작은 희망의 흔적이 영화 〈세 친구〉에서는 전혀 보이지 않는다는 거다. 그럼에도 영화 〈세 친구〉는 1990년대를 살아가는 가난한 청춘들의 상처를 어루만지는 수작이었다.

이후 임순례라는 이름으로 등장한 영화들은 다음과 같다. 〈여섯 개의 시선〉(2003), 〈우리 생애 최고의 순간〉(2007), 〈날아라 펭귄〉(2009), 〈소와 함께 여행하는 법〉(2010), 〈남쪽으로 튀어〉(2012), 〈제보자〉(2014). 여기에서 〈날아라 펭귄〉 정도를 제외한 나머지 작품들은 그녀의 초기작인 〈우중산책〉, 〈세 친구〉, 〈와이키키 브라더스〉의 감성코드에 미치지 못한다고 생각한다.

줄거리에서 소개했듯이 주인공(한 얼)은 학창시절 당시 밴드활동을 했던 친구 중에서 유일하게 음악을 직업으로 삼고 있는 인물이다. 그는 음악을 자신의 업으로 선택했지만, 그가 연주하는 곡을 수용하는 사회는 그에게서 희망이라는 단서를 제공해주지 않는다. 그는 하루 치 소줏값 정도에 해당하는 일당을 벌기 위해 지방 곳곳을 떠돌아다니는 무명밴드의 리더다.

그와 함께 밴드에서 활동하는 이들 또한 철저하게 절망과 대치한다. 마약으로 세상과의 거리를 좁혀 보려는 황정민. 그는 결국 밴드를 이탈하여 마을버스 운전사로 업을 전환한다. 밴드의 고참이었던 오광록은 제일 먼저 그룹에서 이탈한다. 이유는 역시 돈이다. 주인공의 학창시절 음악선생은 알코올중독증에서 헤어나지 못하는 병자다.

그는 황정민의 빈자리를 잇기 위해서 드러머로 밴드에 합류한다. 하지만 술에 취한 상태에서 연주를 망친 뒤 소리 없이 숙소를 떠난다. 마지막 남은 박원상마저 다른 여성과 새로운 밴드를 차린다. 남은 것은 주인공 하나뿐이다. 그는 생계를 위해서 룸살롱의 기타 반주자로 취업한다.

〈와이키키 브라더스〉는 흥행영화 〈건축학개론〉, 〈써니〉처럼 학창시절과 현재를 오버랩시키는 수법을 반복한다. 험난한 미래를 알지 못했기에 희망이라는 두 글자를 마음에 새길 수 있었던 시절. 주인공은 무명음악가로 떠도는 현실의 고통을 잊기 위해 끊임없이 과거에 몰입한다.

너,
행복하니?

주인공의 학창시절 드러머로 활동했던 고향친구는 수안보에서 하급 공무원으로 지내고 있다. 그는 동창생이 주도하는 시민운동의 희생양이 되어 스스로 목숨을 끊는다. 그가 세상을 떠나기 전날 마지막으로 만났던 친구는 주인공 한얼이다. 그는 만취 상태로 주인공에게 질문을 던진다. "너, 행복하니? 하고 싶은 음악하고 살아서 행복하냐고? 우리 중에 지 하고 싶은 일 하면서 사는 놈 너밖에 없잖아. 행복하냐고. 진짜 궁금해서 그래. 행복하니?"

영화는 자신이 원하는 음악을 하는 인물뿐 아니라 월급쟁이 생활을 영위하는 인물에게도 메스를 들이댄다. 감독은 누구도 돈과 현실의 삶에서 자유로울 수 없다는 인생의 족쇄를 배우들에게 채운다.

그게 끝인가. 그렇지는 않다. 영화의 마지막 장면에서 주인공은 학생 시절 사모했던 여학생과 함께 음악생활을 시작한다. 그의 팍팍한 삶에 '사랑'이라는 치유제가 투입된 것이다. 현실은 쉽사리 화해의 제스처를 취하지 않지만, 돈벌이에 허덕이는 이들에게도 사람이라는, 사랑이라는 작은 희망의 불씨가 살아 있음을 감독은 알고 있다.

임순례 감독은 영화 〈와이키키 브라더스〉의 제작배경에 대해서 이렇게 말한다. 이 영화에서 진짜 말하고 싶은 이야기는 우리가 십 대 시절 가지고 있었던 삶의 원형과 희망이 우리가 삼십 대 중반의 어른이 되었을 때 소시민적 가치관에 묻혀 살면서 사라진다는 것에 대한 한탄이다, 라고.

공감한다. 지키는 것은 허무는 것보다 몇 배의 노력과 산고가 수반된다. 우리는 삶의 원형을 지키는 자들의 신화에 몰입한다. 문제는 지키려는 자와 바라보는 자의 간극을 무한 경쟁시대에서는 절대 허용하려들지 않는다는 거다.

늘 작고,
여린
곳을
응시하라

임순례 감독은 2014년 12월 10일 자 〈머니투데이〉와의 인터뷰에서 한국 영화시장에 대한 소견을 밝힌다. 그녀는 아직 상업영화의 테두리 속에서 헤어나지 못하는 한국 관객들의 취향을 지적한다. 그렇다고 영화 제작자로서 관객들에게 책임을 물을 수만은 없는 일이다. 그녀는 상업영화의 테두리 안에서도 얼마든지 감독이 의도하는 차별적인 가치관을 심어놓을 수 있다는 논리다.

그녀는 또한 대박 위주의 흥행영화 돌풍 현상의 문제점을 지적한다. 1,000만 관객이 동원되는 영화 한 편보다는 200만 관객이 보여주는 영화 5편이 훨씬 영화시장에서 가치 있는 일이라는 논리다.

동물애호가이면서 여성 인권운동에도 관심이 많은 인물답게 문화의 다양성에 대한 중요함을 강조하고 있는 부분이다. 영화 〈날아라 펭귄〉에서 임순례는 '기러기 아빠, 황혼이혼, 광적인 교육열, 직장 내 왕따' 등 사회 곳곳에서 벌어지는 차별과 문화의 붕괴를 코믹하게 그려내고 있다. 영화의 마지막 장면에서는 갈등과 소외 속에서 방황하던 인물 모두가 댄스 플로어에서 함께 춤을 춘다. 그들의 입가에는 영화 초반에는 발견할 수 없었던 작은 미소가 엿보인다.

21세기의 한국영화에서 여성감독의 계보를 말할 때 반드시 언급되어야 하는 두 명의 인물을 기억한다. 한 명은 임순례 감독이며 또 다른 한 명은 정재은 감독이다. 그들은 모두 영화를 통해서 비슷한 목소리를 내고 있다.

세상은 늘 단단하고 차갑지만, 그 세상을 뚫는 무기는 우리 마음속에 있다는 것. 세상은 우리에게 늘 패배와 상처의 흔적을 남기지만 그것 또한 우리가 세상을 살아가는 중요한 의미라는 담론을 던져주고 있는 것이다. 독신자이지만 늘 세상을 외롭지 않게 만들기 위해 혼신을 다하는 거장 임순례 감독의 건투를 빈다.

참고문헌

1. 상상마당 열린포럼 지음, 『예술가로 살아가기』, 상상마당, 2009.

2. 김영민 지음, 『영화 인문학』, 글항아리, 2009.

3. 주성철 엮음, 『데뷔의 순간』, 푸른숲, 2015.

조수미

카라얀이 선택한 여자

내가
사랑했던
음악

주위에는 음악광들이 여럿 포진해 있다.
물론 나 또한 그중의 하나다. 초등학교 시절에는 한국 그룹사운드의 가요
를 즐겨 들었다. 중학교 시절에는 퀸, 핑크 플로이드, 보니 엠, 딥 퍼플, 에
어로스미스, 비틀스 그리고 미국 빌보드 차트 위주로 음악이 흘러나오던
FM 방송과 성시완이라는 DJ가 나오는 아트록 음악방송을 즐겨 들었다.
가요의 단조로운 선율에 질렸던 것일까.

외국음악이라면 미친 듯이 찾아들었다. 고등학교에 올라와서도 이러

한 서양음악 홀릭 증상은 점점 더 심해졌다. 이후 애청음악 리스트에는 평소 즐겨듣던 1970년대 록음악에 재즈음악이 추가되었다.

대학시절에는 그때까지 들었던 음악과 더불어 클래식 음악을 즐겨 들었다. 클래식 음악과 관련한 대학시절의 에피소드는 앞부분에서 소개했기에 생략하기로 한다. 어쨌거나 클래식 음악은 앞에 소개한 음악과 함께 지금까지 분신처럼 아끼고 사랑하는 장르다.

클래식 음악은 크게 기악과 성악으로 구분할 수 있다. 클래식 음악감상은 대부분 기악에서부터 감상을 시작하는 경향이 있다. 이유는 해석이 상대적으로 어려운 교향곡보다는 협주곡이 접근하기가 수월하기 때문이다. 예를 들면 스토크하우-젠이나 존 케이지, 메시앙 등의 작곡가가 펼치는 현대음악보다는 바흐, 헨델, 모차르트, 하이든 등의 고전파 음악이 초심자가 듣기에 부담이 적다.

클래식을 좋아하는 이들이라고 해서 모두가 오페라를 좋아하지는 않는다. 종합예술로 불리는 오페라의 경우, 어떤 음악평론가는 반드시 공연장에서가 아니면 감상의 가치가 없다고 주장한다. 나 또한 오페라는 다른 클래식 장르보다는 음악적으로 거리감이 존재한다고 생각한다. 이유는 여러 가지다.

우선, 통속적인 사랑이야기로 일관하는 뻔한 줄거리에서 별다른 매력을 느끼지 못한다는 거다. 요즈음은 클래식의 대중화를 위해서 현대적인 사랑이야기로 오페라를 각색하는 경우도 많은 편이다. 나는 오페라보다는 교향곡 콘서트를 선호한다. 다음으로 오페라 배우들의 대사에 몰입하기가 어렵다는 점이다. 이 부분은 각자 취향의 차이가 존재할 것이다.

무패
전적의
신화를
자랑하다

그렇다고 내가 성악 파트가 등장하는 모든 클래식 음악에 거부감이 있는 것은 아니다. 교향곡이나 협주곡에 대한 기호가 오페라에 앞선다는 말이다. 베토벤 9번 합창 교향곡은 최초로 교향곡의 형식에 성악 파트를 추가했던 음악이다.

내가 즐겨듣는 말러의 교향곡에는 자연스럽게 성악이 등장한다. 베토벤의 뒤를 잇는 후기 낭만주의 작곡가다운 시도다. 1990년대 초반, 클래식 음악계를 뒤흔들었던 고레츠키 교향곡 3번에서도 성악 파트는 음악의 중요한 부분으로 작용한다.

이제 소프라노 조수미를 소개할 차례다. 1962년 서울에서 태어난 그녀는 선화예고를 졸업하고 서울대 성악과에 사상 최고의 점수로 입학한다. 그냥 수석입학이 아니라 학과 역사상 전무후무한 점수를 받았다고 한다. 더욱 놀라운 사실은 음악가 집안이 아닌 환경에서 조수미가 성장했다는 부분이다.

조수미는 이미 고등학교 시절부터 국내에서는 비교대상이 없을 정도로 재능 넘치는 성악가로 인정을 받는다. 그녀에게 음악적 열등감이란 대학 초년생 시절까지 찾아보기 어렵다. 열등감에 시달려보지 않은 이들에게는 자신감과 낙천성이라는 두 가지 훈장이 손에 주어진다. 그늘이 없다는 말이다.

연예인 강호동이 진행했던 '무릎팍 도사'에 등장했던 조수미의 태도와 모습에서는 넉넉한 마음씨를 가진 중년 음악가의 여유가 흘러나왔다. 당연한 이야기지만 독신음악가로 전 세계를 누비는 그녀의 365일을 살펴보면 나이에 비해 젊고 진취적인 아우라가 끊임없이 풍겨 나온다.

예체능인들의 직업 구도는 일반 직장인들과 비교할 때 치열하고 비좁다. 여타 예체능 장르처럼 성악 분야 역시 대학졸업 후 국내 콩쿠르 입상이라는 바늘구멍을 통과하고 나서도 직업 음악가로 자리 잡기는 쉽지 않다.

국내보다는 외국 콩쿠르 입상경력이 있어야만 음악활동이 보장되기 때문이다. 아직 동양은 클래식 음악의 주 무대가 아니라는 이야기다. 이제 그녀의 수상경력을 살펴보자.

1985년 이탈리아 나폴리 존타 국제콩쿠르 1등, 같은 해 이탈리아 시칠리안느 국제콩쿠르 1등, 이탈리아 바르첼리보오티 국제콩쿠르 1등, 1986년 스페인 바르셀로나 비냐스 국제콩쿠르 1등, 남아공화국 프리토리아 국제콩쿠르 1등, 이탈리아 베로나 국제콩쿠르 1등, 1993년 이탈리아 최고의 소프라노에게 주어지는 황금 기러기상 수상, 1993년 지휘자 게오르그 솔티와 협연한 음반 〈그림자 없는 여인〉으로 그래미상 클래식 부분의 '오페라 부문 최고음반' 수상, 1994년 칠레에서 지정한 최고의 소프라노상 수상, 1997년 프랑스 문화계 비평가들이 선정한 그랑드 파르미어상 수상, 2002년 유네스코에서 세계의 평화음악인(Artist for Peace)으로 지정.

읽다 보면 숨이 막힐 정도로 수상경력이 화려하다 못해 찬란할 지경이다. 그것도 유럽문화의 정수라고 불리는 클래식, 그것도 성악 분야에서 20세가 넘어서야 유럽에 진출한 한국인 성악가의 경력으로 말이다.

카라얀과 잘츠부르크에서의 만남

조수미는 1983년 3월 학기 중에 훌쩍 이탈리아로 유학을 떠난다. 대학시절 스승의 강력한 권유에서 이루어진 사건이었다. 그녀에게는 오페라의 종주국인 이탈리아도 음악인생에서 커다란 장벽이 아니었다.

조수미는 1986년 이탈리아의 항구도시 트리스테의 베르디 극장에서 오페라 〈리골레토〉의 질다 역으로 성공적인 데뷔를 한다. 이탈리아 유학생활 3년 6개월여 만에 이룬, 검정 머릿결을 가진 동양 출신

여성의 쾌거였다.

그녀의 천부적인 능력은 세계적인 지휘자 카라얀의 친구이자 이탈리아의 유명 작곡가인 밴 필드의 시야에 들어온다. 그 후 카라얀의 고향인 잘츠부르크에서 조수미를 찾는 한 통의 전화가 걸려 온다. 카라얀이 그녀의 오디션을 원한다는 것이었다.

오디션 장소에는 조수미뿐 아니라 이탈리아의 메조소프라노 체칠리아 바르톨리아와 바리톤 루치오 갈로가 함께 있었다. 카라얀은 조수미를 향해 신이 내린 목소리라는 찬사를 전한다. 당연히 오디션은 합격이었다.

카라얀은 자신이 발굴한 마지막 성악가인 조수미에게 음악가로서 필요한 정신자세를 전수한다. 예를 들어 목소리를 아끼기 위해서 성대에 무리가 오는 모차르트의 '밤의 여왕' 역할은 자제해야 하며, 연주 욕심보다는 자기 시간을 최대한 가지면서 인간적인 성숙을 해야 한다는 등의 충고였다.

조수미는 카라얀의 천재성에 대해서 이렇게 말한다. 그는 한 시간짜리 교향곡은 물론이고 세 시간이 넘는 오페라를 연주하는데도 악보 없이 진행이 가능한 마에스트로라고. 게다가 무려 50여 편이 넘는 오페라 악보를 머릿속에 완벽하게 기억하고 있는 지휘자가 카라얀이라고. 일반적인 지휘자들의 경우, 5개 내외의 오페라를 기억하는 것만 해도 벅찬 상황을 고려할 때 카라얀의 음악에 대한 재능은 일반 음악가의 그것을 몇 단계 뛰어넘는다고 강조한다.

조수미는 드디어 꿈에 그리던 카라얀과의 음악적 교류의 기회를 잡는다. 1989년 잘츠부르크 페스티벌에서 베르디의 오페라 〈가면무도회〉에 오스카 역으로 등장하게 된 것이다. 기쁨은 여기까지였다.

그 해 7월, 카라얀이 73세의 나이로 세상을 떠난 것이었다. 조수미는 당시 카라얀과 함께 잘츠부르크에서 공연준비에 여념이 없었다. 카라얀의 조수미에 대한 음악적 관심은 세계적인 테너 플라시도 도밍고가 카라얀에게 개인적으로 의논할 일이 생기면 조수미에게 먼저 카라얀의 상태를 물어볼 정도였다고 한다. 조수미는 카라얀이 세상을 떠난 상황에서 성공적으로 공연을 마친다.

그녀는 카라얀의 마지막 시절을 회상하면서 노년에 대한 단상을 이렇게 전하고 있다. 자신이 하는 일에 대한 깊이를 가진 인간은 늙어서도 아름다울 수 있다. 따라서 위대한 인간의 노년은 일반인들과 전혀 다른 감상을 후대에 전해준다고 조수미는 말한다.

사람들이 사는 세상

그녀는 스스로를 독신주의자가 아니라고 말한다. 결혼이란 필수가 아닌 선택이라는 자유주의자의 정신이 깃든 발언이다. 그녀에게는 재즈 음악가 팻 메시니처럼 '음악'이라는 아름다운 제2의 가정이 존재한다.

자신이 진정으로 사랑하는 일을 포기하면서까지 결혼을 감행한다는 것은 자신의 인생 대신 남편이 일방적으로 만들어주는 인생을 사는 것이라고 조수미는 말한다.

그녀는 결혼을 위해서 결혼하는 것도 아니고, 생활의 안정을 위해서 결혼하는 것도 아니기에 자신이 원하는 사람을 만나기 위한 기다림의 시간을 음악활동과 함께 보낼 뿐이라고 자서전에서 말하고 있다.

세상에는 다양한 사람들이 존재한다. 조수미처럼 세계를 무대로 활동하는 이가 있는가 하면, 국내에서도 빛을 보지 못해 자신의 원하는 일을 포기해야만 하는 이도 있다. 하지만 그 누구도 인생의 승자 또는 패자라는 단순논리에 끼워 맞출 수는 없다.

자신의 인생은 자신만이 재단할 수 있다. 아니, 그렇게 해야 한다. 결정은 빠를수록 좋다. 재단의 시기가 남들보다 빠를수록 그 사람의 인생은 빛을 발하기 마련이다. 타자의 시선이나 사회의 시선은 두 번째 문제다. 익숙했던 자신과 결별하고, 신세계로 들어갈지 말지에 대한 결정은 순전히 자신의 몫이다.

나이가 들수록 핑곗거리가 많아진다. 건강은 예전 같지 못하고, 시간은 그리 넉넉하지 않다. 조금이라도 자기관리에 소홀해진다면 젊을 때처럼 지구력을 발휘하기도 쉽지 않다. 그것뿐인가. 모험보다는 정해진 길을 답습하는 게 삶의 부작용을 최소화할 수 있다.

성악가로서 최고의 자리에 오르는 것은 모든 음악가의 꿈이자 이상이다. 지금이라도 늦지 않았다. 그녀의 명성이나 재능보다는 그녀가 결정하고 선택한 삶의 구조에 대해서 집중하자. 삶이란 바라보는 자의 시선에 따라서 모든 게 좌우된다. 그녀의 삶은 어쩌면 특별하지 않다. 조수미는 대부분 사람이 바라보는 곳이 아닌, 자신이 간절하게 원하는 세계를 직시했다.

조수미. 그녀가 택한 독신자의 삶도, 음악가로 사는 삶도, 세계를 무대로 시간을 보내는 여행자의 삶도, 어쩌면 누구나 시도할 수 있는 인생의 모자이크에 불과하다. 이제는 당신의 차례다. 조금은 외롭겠지만 할 수 있다. 늘 머릿속에서 디자인했던 꿈의 무대를 구체화하는 거다. 혼자라면 어떤가. 신비하고도 놀라운 프리 마돈나의 세상이 그대에게 활짝 열릴 것이니.

참고문헌

1. 조수미 지음, 『아름다운 도전』, 창해, 2007.

2. 페터 윌링 지음, 『카라얀 : 불꽃의 지휘자』, 김희상 옮김, 21세기북스, 2009.

3. 리처드 오스본 지음, 『카라얀과의 대화』, 박기호, 김남희 옮김, 음악세계, 2010.

김어준

닥치고 독신

김어준에
관한
다섯 가지
질문

김어준은 정치인이다. 땡.

그럼 김어준은 종북좌파다. 설마.

아니면 김어준은 대한민국의 전복을 꾀하는 혁명가다. 흠.

그렇다면 김어준은 꼼수다. 글쎄.

마지막으로 김어준은 자유주의자다. 옳소.

너는
도대체
누구냐

김어준은 정치인인가. 그렇지 않다. 단, 김어준은 정치적 발언을 대학시절부터 매우 빈번하고 열정적으로 표출했던 인물이다.

김어준은 종북좌파인가. 김어준만의 독특한 시각은 자존감과 자기객관화로부터 출발한다. 여기에서 김어준이 말하는 자존감이란 무엇을 할 수 있다는 자신감과 구별이 요구되는 상징언어다. 김어준식 자존감이란 자신 스스로를 승인하는 과정을 의미한다.

여기에서 지칭하는 자신이란 장단점을 고루 갖추고 있는, 일종의 객관화 단계를 거친 존재를 말한다. 따라서 자존감의 전제조건은 자기객관화다. 이러한 자기객관화를 위한 필요조건으로 김어준은 연애와 여행을 추천한다. 자존감과 자기객관화 단계를 마치면 다음 단계에 이르러서야 김어준은 나무늘보처럼 사회로 눈을 돌린다.

단지 그 표현방법이 조금은 격하게, 조금은 라이브하게 보일 뿐이다. 그에게 사상이라든지 이데올로기는 그냥 쓰다가 버리는 일회용 면도기에 지나지 않는다. 결국 두 번째 질문도 해당 사항이 없다.

김어준은 대한민국의 전복을 꾀하는 혁명가인가. 그에게서 무정부주의자적인 분위기가 없지는 않다. 딴지일보, 나는 꼼수다, 파파이스 등에서 보여준 그의 행각은 한국사회를 여러 번 들었다 놓았던 엄청난 전력으로 남아 있다.

예를 들어 딴지일보의 사시는 다음과 같다. 부디 웃다가 쓰러지지는 마시라. '딴지일보는 인류의 원초적 본능인 먹고 싸는 문제에 대한 철학적 고찰과 웃기고 자빠진 각종 비리에 대한 처절한 똥침을 날리는 것을 임무로 한다'.

그는 혁명가로서의 삶을 이행한 흔적이 전혀 없지는 않다. 예를 들면 미디어 매체를 통해서 권력자를 향해 비판적 성찰을 토해내는 존재감을 보였던 기록이 이에 해당한다. 김어준이 혁명가라면 손석희는 방송인인가. 내가 보기엔 둘 다 혁명적인 유전자를 지닌 언론인이 아닐까 싶다. 단지 한 명은 정공법이 아닌 게릴라전을 택했을 뿐이고, 다른 한 명은 거대 매체 한가운데에서 자신의 입지를 세우고 있는 것이다.

그렇다면 김어준은 꼼수인가. 딴지일보의 팟캐스트인 〈나는 꼼수다〉는 국민방송으로 활약했던 〈나는 가수다〉의 정치판 버전이라고 보면 되겠다. 왜 김어준은 정치에 대해서 할 말이 많은 것일까. 그의 표현에 의하면 '자기 마음대로 살고 싶어서'가 이유라고 한다.

이는 남의 눈치나 영향력에서 벗어난 삶을 의미한다. 마음대로 사는 삶에 뒤따르는 경제적 부담감이나 사회적 압박은 당연한 결과다. 하지만 김어준은 이런 삶을 행복한 인생이라고 표현한다. 훌륭한 사람이 행복한 사람이 되지는 못하지만, 행복한 사람은 존재할 수 있다는 게 그의 생각이다.

자유주의자
김어준을
말하다

이제 김어준에 대한 마지막 질문이다. 김어준은 스스로를 본능주의자라고 정의한다. 그는 지승호와의 인터뷰에서 사람들이 자신을 보고 좌파 또는 우파라고 규정짓는 부분에 대해서 '관심이 없다.'라고 태연스럽게 말한다.

참으로 김어준스러운 발언이다. 인간의 복합성을 단순하게 좌파나 우파로 구분 짓는 시도 자체가 우습다는 말이다.

그가 말하는 본능주의자의 정체는 무엇일까. 김어준은 기대와는 달리 시시한 답변을 던진다. 자신이 지닌 타고난 직관과, 본능과, 균형감각을 가지고 살다가 조용히 사라지겠다는 게 그의 본능주의자 이론이다. 여기에 첨언하자면 '하다가 아니면 말고.'라는 김어준 총수식 가치관이 따라줘야 하겠다.

스스로를 본능주의자라고 우기는 김어준의 주장에도 난 그를 자유주의자라고 말하고 싶다. 대한민국에서 자유주의자의 역사는 반공주의에 의해서 늘 배척되었던 골절의 역사다.

자유주의의 기본적인 원리라면 개별자로서 인간의 개성과 인격의 자유를 가장 근본적인 가치로 추구하는 것이 해당한다. 이는 유교적인 가부장 문화, 명분과 체면의 도덕률, 가족주의 질서를 부정하는 이들 또한 자유주의자의 범위에 포함시켜야 할 것이다.

지식인 김동춘에 의하면 자유주의자들은 개성과 자유를 제약하는 문화적 굴레를 벗어 버리기 위해서 투쟁하였으며, 이는 정치적 투쟁 못지 않게 자유주의자들에게 고통을 주었다고 말한다.

이런 문화적 자유주의자들의 반대편에는 정치적 자유주의자들이 존재한다. 나꼼수의 멤버였던 김어준, 김용민, 주진우가 이에 해당한다.

사실 한국이라는 특수한 조건에서 볼 때 정치적 견해가 빠진 자유주의자는 냉소주의자로 돌아설 가능성이 크다. 냉소주의자는 비참여적 자세로 현실과 대응하기에는 용기나 모험이라는 측면에서 이른바 '그릇이 않되는' 이들을 의미하는 것이다.

따라서 한국의 자유주의자는 늘 반공주의와 보수주의의 공격대상으로, 더 나아가서는 범지구적인 자본주의의 물결 앞에서 크고 작은 고통을 받아왔다.

명랑사회
구현의
선도자

강준만은 자신의 저서 『멘토의 시대』를 통해서 김어준에 대한 2012년도식 해석을 선보인다. 그는 김어준을 이른바 '교주형 멘토'로 분류한다. 이러한 강준만식 호칭은 끊임없이 진화를 거듭하는 김어준에 대한 정치적 오마쥬다.

강준만은 김어준이 딴지일보에서 나꼼수로 진화하는 과정을 바라보면서 형식은 계속 자유분방으로 치닫지만, 주제와 내용은 점점 진지하고 심각해진다고 분석한다.

'나꼼수 현상'에 대한 강준만의 해석은 다음과 같다. 그는 정치가 워낙 혐오와 저주의 대상이기에 나꼼수식 담론과 소통이 정치흥행에 큰 자산이 될 수는 있지만 이 세상은 나꼼수를 좋아하는 이들만이 모여 사는 동네가 아니라는데 문제가 있다고 직격탄을 날린다.

대표적인 예가 이명박 정부 시절 행해진 4·11 총선의 민주당 패배였다. 강준만은 대책 없이 '쫄지마'를 외쳤던 나꼼수의 본말이 전도된 오버가 총선 패배로 이어졌다고 믿는 여론이 다수 존재한다고 지적했다.

하지만 이제는 전설이 되어 버린 '나꼼수 신드롬'의 밝은 부분 또한 빼놓을 수 없다. 강준만에 의하면 사적공간에서 소비되던 정치적 담론이 아무런 제약 없이 공적 공간으로 옮겨져 많은 사람이 연대감을 느끼면서 공유할 수 있게 되었다는 점과 그 과정에서 개인적 분노가 집단적 정의감으로 전환하는 만족감을 느낄 수 있게 되었다는 것이다.

당신이
책임질 수
있는
것까지만

고민하시라

　　　　김어준은 공인이다. 공인의 특징은 수많
은 찬반여론을 외투처럼 입고 다녀야 하는 숙명론자라는 점이다. 그렇다
면 자유주의자 김어준은 영원한 공인으로 존재할 것인가. 나는 아니라고
본다. 적어도 지금까지 김어준이 던졌던 화두들을 살펴보면 작은 공통점
이 보인다.

　정치든, 문화든, 오늘의 사건·사고든 간에 김어준은 사회현상을 재단
하는 과정에서 자신을 외부환경과 분리하는 방법을 누구보다 능숙하게
알고 있는 사람이다. 그렇기에 김어준은 언제 그랬냐는 듯이 능청스럽게
배낭을 메고 어디론가 떠나버릴 인물에 해당한다.

　그는 책『건투를 빈다』에서 이를 '자기결정권'이라는 표현하고 있다.
각자의 시각으로 사행심을 적절히 통제해 스스로 자기상황을 책임지는
것. 그러지 못하는 소수의 경우가 있다고 해서 스스로 적절히 제어할 능
력을 갖춘 다수의 결정권까지 간섭해서는 안 된다는 사고의 실체가 김어
준식 자기결정권이다.

　삶이란 누구에게나 무겁고 거추장스러운 화두다. 김어준이라고 해서
다르지 않다. 그는 언제나 독신자의 마음으로 세상을 재단하고 응고된 자
아를 자유롭게 통제한다. 이러한 자기결정권은 그가 외치는 명랑사회 구
현의 필수요건으로 작용한다. 여기 시대를 앞질러 간 유쾌한 자유주의자
가 있다. 다들 조심하시라. 그대가 기회주의자로 변신하는 순간, 김어준이
날리는 똥침의 일격이 있을 것이니.

참고문헌

1. 김동춘 외 지음, 『자유라는 화두』, 삼인, 1999.

2. 김어준 지음, 『건투를 빈다』, 푸른숲, 2009.

3. 진중권 외 지음, 『화 : 6인 6색 인터뷰 특강』, 한겨레출판, 2011.

4. 김어준, 지승호 지음, 『닥치고 정치』, 푸른숲, 2011.

5. 강준만 지음, 『멘토의 시대』, 인물과사상사, 2012.

이상은

외롭고 웃긴 가수

그녀에게
던지는
질문
하나

　　　　　　유명인들의 인터뷰 기사를 즐겨 읽는
편이다. 출판사나 인터뷰 매체 또는 인터뷰어에 따라서 질문 내용이 다
르지만, 허심탄회하게 인터뷰한 내용이 황당무계하게 각색되는 경우가
허다하다. 영리한 독자라면 행간 속에 숨겨진 진실을 찾아내는 '매의 눈'
을 가져야 한다. 글 속에 감추어진 진실이 독자의 영혼과 맞닿는 순간,
새로운 세상이 열린다.

가수 이상은의 인터뷰 기사를 읽다 보면 늘 빠지지 않고 나오는 내용이 있다. 다름 아닌 그녀의 히트곡이자 데뷔곡인 〈담다디〉다. 이상은에게 노래 〈담다니〉는 반드시 넘어야 할 산이었다.

그녀는 노래 〈담다디〉를 통해서 처음으로 자신을 세상에 내놓았다. 가요제를 통해서 화려한 출발을 했던 이상은은 곧 한국 대중가요를 상징하는 스타로 떠올랐다. 그리고 이상은은 유명인으로서 얻을 수 있는 수많은 부와 명예와 인기를 내려놓고 한국을 떠난다. 그녀에게는 새로운 출발이 절실했던 것이다.

그로부터 25년이 흘렀다. 이제는 공연장에서 자연스럽게 〈담다디〉를 부를 수 있는 여유가 이상은에게 생긴 것일까. 그렇다. 시간은, 세월은, 머리에 하얀 서리가 내리는 것은, 모든 나이 들어가는 사람들에게 도전과 변화를 요구하고는 한다.

그것을 받아들일지, 거부할지는 나이 든 사람들의 선택사항이다. 그 선택에 따라서 한 단계 또는 두 단계 이상의 변신에 성공하기도 한다. 이를 거부할 경우, 고루하고 옹색한 모습의 노년기를 맞이할 수도 있다.

2014년 3월 5일 자 〈이데일리 스타in〉 고규대 기자에 의하면 이상은의 15번째 음반 〈루루(LULU)〉가 3월 4일 자 K-인디차트(2.11~2.25)에서 1위에 올랐다고 한다. K-인디차트는 2주에 한 번씩 발표되는 순수 음반 판매 차트. 이상은의 소속사 브이 엔터테인먼트 그룹은 '2주 판매 집계 중 단 5일 판매분으로 1위에 오르는 이례적인 기록을 세웠다.'라고 자평했다.

기사에 의하면 이상은의 앨범에 대한 반응은 라디오 리퀘스트에서도 뜨거운 반응을 보였다. 그녀의 신작음반에 수록된 타이틀곡 〈태양은 가득히〉뿐 아니라 〈캔디캔디〉, 〈들꽃〉 등의 앨범 수록곡들이 애청자들의 신청곡으로 선정되었다. 이는 음악팬들이 이상은의 음악을 여전히 앨범 단위로 감상하고 있음을 보여주는 사례다.

4년 만에 발표한 음반 〈루루(LULU)〉는 홈 레코딩 방식을 도입했다. 그녀는 앨범에 수록된 모든 곡을 직접 작사, 작곡, 편곡하여 음악의 통일성과 자신의 색깔을 날 것 그대로 표현하는 데 집중했다. 40대 중반의 나이에 인디차트의 여왕으로 등극한 이상은. 그녀의 지칠 줄 모르는 음악적 감성은 세대를 초월한다.

고령화 사회의 빛과 그늘

한국의 광고와 출판업계에서 마흔이라는 나이는 곧 정년을 의미한다. 더 이상의 빛나는 아이디어의 창출과 촌음을 다투며 변해가는 유행을 따라갈 수 없다는 의미다. 과연 그럴까. 뉴욕만 해도 70대의 나이에도 광고업계에서 버젓이 활약하는 이들이 존재한다. 나이에 대한 선입견이 강한 사회는 변화와 창조에 대한 수용도가 떨어질 수밖에 없다.

인구학적으로 65세를 넘은 자를 노인이라고 말한다. 노인 인구가 7% 이상인 사회를 노령화 사회라 부르며, 14% 이상이면 노령사회에 진입한다. 우리나라는 2014년을 기점으로 노령사회로 돌입했다. 다음으로 노인 인구가 30% 이상이면 초고령사회라고 하는데 우리나라는 2030년대에 초고령사회에 도달할 예정이다.

노령사회의 가장 큰 특징은 노인인구가 증가함에 따라 세대 간의 갈등이 심화한다는 것이다. 전통사회에서 노인은 풍부한 경험을 가진 현자로 대우받을 수 있었다. 하지만 지식과 산업이 급변하는 사회에서는 노인들의 경험이 필요하지 않게 되어 노인 소외의 문제가 발생한다. 다음으로 핵가족화로 말미암은 가족 부양능력이 감소하여 독거노인의 문제가 발생한다.

노인세대의 폭발적인 증가에 따라서 직업을 구해야 하는 20대와 평균수명의 증가에 따라서 은퇴시기가 사라진 50대 이상의 중장년층 간의 경쟁구도가 발생한다. 노인들이 직업을 구하기 위해서는 젊은 세대가 가진 에너지와 창조능력이 요구된다. 그렇지 않으면 단순 노동 또는 소규모 자영업만이 노인들의 직업으로 남는다.

중년가수 이상은의 활약은 이러한 사회 변화 속에서 많은 시사점을 남긴다. 〈담다디〉, 〈사랑할꺼야〉, 〈언젠가는〉, 〈어기야 디여라〉, 〈둥글게〉, 〈비밀의 화원〉, 〈삶은 여행〉, 〈새〉, 〈너무 오래〉, 〈야상곡〉, 〈초승달〉, 〈태양은 가득히〉에 이르기까지 이상은은 자신이 발표한 15장의 음반에 한국 인디음악의 역사를 담아냈다.

그녀의 음악적 활약은 노령화 사회로 급속히 위치 이동 중인 한국의 현실에서 일종의 해결책으로 작용한다. 이제는 나이가 들었다는 이유로, 오랜 세월 속에서 잉태한 경험치 하나만으로 경력을 인정받는 사회는 지났다. 다양한 경험을 새로운 창조적 역량으로 재조립할 때, 중장년 세대들이 갈구하는 평생직업이 나타나기 마련이다.

외롭고 웃긴 가게

이상은은 고등학교 시절 이른바 팔방미인으로 불렸다. 그녀는 학교시절 문예부, 미술부, 합창부에서 활동했으며 고등학교 2학년 시절부터 작곡을 시도했다. 이것도 부족해서 스스로 연극부를 만들었다. 이후 그녀는 한양대학교 연극영화과에 진학한다.

이상은은 1988년 MBC 강변가요제에 〈담다디〉라는 곡으로 대상을 차지한다. 중성적 매력을 가진 아이돌 스타의 탄생이었다. 음악업계에서는 그녀를 철저하게 인기에 영합하는 대중가수로 디자인하려 들었다.

하지만 이상은은 영리한 아티스트였다. 그녀는 돈과 인기에 아무 거리낌 없이 중독되는 여타 가수들과 근본적으로 달랐다. 그녀는 하이틴스타가 아닌, 아티스트가 되기를 원했다. 따라서 이상은은 자신이 수년간 쌓아

온 유명세를 깨끗이 포기한다. 그녀는 새로운 출발을 원했다.

출발의 해답이자 탈출구는 미국 뉴욕이었다. 1991년 뉴욕에서 이상은은 유화와 조각을 전공하는 학생신분으로 회귀한다. 박준흠의 저서 『이 땅에서 음악을 한다는 것은』에 의하면 당시 이상은은 마음속 그림으로 보여주는 음악을 하고 싶었다고 한다. 그녀의 음악적 변신은 1991년 발표한 3집 〈더딘 하루〉에서부터 서서히 나타나기 시작한다.

변신은 또 다른 변신을 낳는다. 이후 1993년 일본인 스태프와 함께 작업한 〈공무도하가〉 그리고 1997년에는 명반 〈외롭고 웃긴 가게〉를 발표하여 이상은은 자신이 원하는 음악적 조류를 창조한다.

이후 9집 〈Asian Prescription〉을 일본 버진 재팬이라는 회사에서 발매한다. 당시만 해도 아시안 팝 음악의 주류이던 일본 음악시장에서 이상은의 음악적 역량을 인정한 일종의 '사건'이었다.

리버풀의 노동자 가정에서 태어난 가수 존 레넌을 좋아하는 이상은. 그녀는 존 레넌의 아시아권 문화에 관한 관심과 애정에 커다란 의미를 부여한다. 그것을 음악으로 표현한 비틀스의 음반이 〈Revolvor〉였다.

그녀에게 음악이란 눈에 보이지 않는 다른 공간으로 이동하게 하는 일종의 마법이며, 다른 풍경을 보게 하는 영적인 존재다. 지친 영혼과 동반여행을 떠나는 과정. 그것이 외롭고 웃긴 가수 '이상은표' 음악이다.

공연장에서
만난
이상은

서른 즈음에 서울 대학로에서 이상은의
공연을 보았다. 그런데 문제가 있었다. 공연 중간에 이상은이 던지는
멘트에서 정서적인 어색함이 다가왔다. 그녀는 예술을 아는 자와 예술
의 문외한인 자와의 거리 두기를 암시하는 발언을 반복했던 것이다.

마치 '너희는 나라는 이미지를 구경하러 온 것이지, 내 예술을 이해할
수는 없을 거야.'라고 냉소하는 듯한 분위기가 감지되었다. 내 무거운 마
음을 읽었는지, 앞자리에 조각처럼 앉아 있던 20대 여자의 굳은 어깨가
떠오른다.

2011년에 출간한 자신의 저서 『런던 보이스』에서 '예술은 놀이'라고
말하던 이상은과는 사뭇 다른 분위기였다. 당시만 해도 그녀는 뜨거운 피
가 흐르는 젊은 음악가였으니 예술지상주의에 도취할 만도 할 것이다. 흐
르는 시간 속에서 예술에 대한 그녀의 태도 또한 성숙할 것이다.

동경, 뉴욕, 런던은 이상은이 세계의 창조지구라고 말하는 장소다. 그
녀는 지금 홍대에 살고 있다. 그녀는 홍대의 창조에너지를 마음껏 흡입하
기 위해서 홍대를 자신의 고향이자 집으로 여기고 있다. 그곳에서 외롭고
웃긴 가수 이상은은 노래를 하고, 친구들과 담소를 하고, 취하기 위해서가
아니라 세상을 관조하기 위해 술을 마신다.

아름다운 독신으로 살아가는 아티스트 이상은. 무한자본을 앞세운 할

리우드 영화의 맹폭에 프랑스와 이탈리아 영화가 어떻게 되었는지 알아야 한다고, 어떤 획일적인 하나의 문화가 세상을 장악한다는 건 세계 문화가 퇴보하는 것이며, 온 인류가 슬퍼해야 하는 비극이라고 말한다.

서양음악의 홍수 속에서 늘 한국적인 음악적 감성을 놓치지 않으려는 이상은. 20여 년 대중과 만나 온 그녀는 아직도 꿈이 있다는 사실에 스스로 대견하고, 그것만으로 행복하다고 이야기한다. "노력의 결과로 나타나게 될 경쟁력으로 10년 정도 문을 두드린다면 그토록 견고해 보이는 서구 선진국 문화 장벽에 구멍을 낼 수 있을 것이다."라고 말하는 그녀는 『런던 보이스』를 통해 자신이 꿈꾸고 바라는 세상을 그리고 있다.

몽상가이자 예술가인 그녀는 '몽상은 모든 예술 창조의 전제 조건이며, 예술가는 어떤 걸 차지하겠다는 욕심에 앞서 그 존재 이유만으로도 꿈을 꾼다.'라고 말한다. 만약 이게 사실이라면 영원히 꿈꾸는 자로 살고 싶다는 그녀의 멋진 꿈을 응원한다.

참고문헌

1. 박준흠 지음, 『이 땅에서 음악을 한다는 것은』, 교보문고, 1999.

2. 이상은 지음, 『예술가가 되는 법』, M&K, 2007.

3. 이상은 지음, 『런던 보이스』, 북노마드, 2011.

자신을 어떻게 자유롭게 만들 것인가를 아는 것은 아무것도 아니다. 어려
운 것은 어떻게 자유로운 상태로 자신을 유지할 것인가를 아는 것이다.

_앙드레 지드

제3장

만들어진 독신자들

ARTIFICIAL CHARACTER OF SINGLE

홈스 vs 뤼팽

영국산 초식남 대 프랑스산 완소남

역사란
무엇인가

　　역사의 매력은 무엇일까. 역사에 관심이 있다는 사람치고 역사를 단지 과거의 기록을 나열한 텍스트 정도로 생각하는 이는 없을 것이다.

　역사는 해석하는 자의 시각에 따라서 다양한 결과물을 낳는다. 지배자의 시각으로 본 역사가 있는가 하면, 민중의 시각으로 해석하는 역사가 존재한다. 문화와 문명의 프리즘으로 역사를 정리할 수도 있으며, 시오노 나나미의 대표작『로마인 이야기』처럼 인물 중심의 역사가 존재한다.

　이처럼 역사의 매력은 똑같은 옷을 입더라도 이를 바라보는 각도에 따라서 다른 향취가 스며 나온다. 어떤 날은 흐리지만 어떤 날은 화창한 날이 등장하기도 하는 날씨와 같은 존재가 역사다. 역사는 과거에 대한 현재의 대답이며, 과거를 통해 미래를 예측할 수 있는 바로미터다.

범위를 좁혀 보자. 장소를 유럽으로 가정하자. 유럽의 역사를 패권주의 이론으로 접근해 보자. 유럽을 힘으로 지배했던 나라들이 떠오를 것이다. 멀리는 1789년 발발한 대혁명을 통해서 귀족문화에서 부르주아 문화를 주도했던 프랑스가 있을 것이며, 가까이는 세계대전을 일으킨 독일이 있다. 마지막으로 제2차 세계대전의 승전국인 귀족의 나라 영국을 빼놓을 수 없다.

다음으로 히틀러가 주도했던 세계대전 이전 시대로 돌아가 보자. 1990년 이전에는 프랑스와 영국의 자존심 싸움이 그치지 않았다. 국가 간의 경쟁에서는 단순히 경제력과 전쟁 능력만으로 우선순위가 정해지지는 않는다.

이러한 이면에 숨어 있는 요소가 바로 문화다. 카를 마르크스의 자본 논리에서 놓쳤던 비밀병기이며, 국가와 인간의 가치를 평가할 수 있는 히든카드가 바로 문화다.

영국과 프랑스는 무력을 앞세워 외국 식민지 건설에 여념이 없었던 유럽의 라이벌이었다. 동시에 문화대국으로서 서로 끊임없이 견제하는 처지였다. 이번 장에 등장하는 홈스와 뤼팽은 영국과 프랑스 문화대결의 상징적인 존재였다.

홈스는
뤼팽보다
연장일까

그럼 영국의 상징이었던 셜록 홈스에 대해서 살펴보자. 영국 출신의 추리작가인 아서 코넌 도일이 창조해낸 인물 홈스는 비공식적으로 세계 최초의 민간 출신 탐정이다. 아서 코넌 도일의 전공은 의학이다. 에든버러대학교 의학박사 출신의 작가는 범죄와의 전쟁을 치르는 홈스의 친구 왓슨이라는 인물을 통해서 자신을 투영한다.

셜록 홈스의 모델은 작가 코넌 도일의 은사인 외과의사 조셉 벨 교수였다. 관찰의 중요성을 늘 강조했던 코넌 도일의 스승은 환자의 외모를 통해서 그의 가족력이나 성장환경까지 진단하는 비범한 능력의 소유자였다. 두 번째 가설은 홈스의 아들이 주장했던, 코넌 도일 자신을 홈스로 묘사했다는 부분이다. 이는 코넌 도일과 같은 전공의 소유자인 왓슨이 소설에 등장하면서 설득력을 잃고 있다.

코넌 도일은 1889년 자신의 소설에서 홈스를 의사가 직업인 친구 존 왓슨과 함께 중년의 두 남자로 묘사한다. 홈스는 1845년생이다. 1859년에 태어난 코넌 도일보다 많은 나이다. 홈스는 런던의 중심가인 베이커 거리에 있는 하숙집을 거처로 활동한다.

셜록 홈스라는 인물은 독일어, 프랑스어, 이탈리아어 등 외국어에 능하며 당시 영국인으로서 최고 학부라 불리는 옥스퍼드대학을 졸업한 영재다. 신장은 당시 영국인의 평균보다 훨씬 큰 6피트(약 182cm)였다.

그는 자신의 취미인 화학연구에 밤을 지새우기도 하며, 바이올린 연주와 오페라 감상을 즐기기도 한다. 마약을 가끔 즐겼으나 친구 왓슨의 만류로 이를 중단한다. 한국 같았으면 정의사회를 외치는 탐정이고 뭐고 즉각 감옥행이 확실한 인물이 바로 홈스였다. 평소 운동을 즐기지는 않지만, 일반인보다 근력이 세고 권투실력까지 갖추고 있으니, 말 그대로 팔방미인인 셈이었다.

홈스는 전형적인 영국 신사답게 겉으로는 소설 속에 등장하는 여자들에게 무관심한 남성으로 묘사된다. 그는 여성들에게 예의를 갖추지만 가끔은 마음에 드는 여성에게 속내를 드러내기도 하는 영국 도시남의 분위기를 지향한다. 『셜록 홈스의 귀환』에 수록된 '찰스 오커스터스 밀버턴' 편에서는 오래 만나지도 않은 하녀에게 결혼을 약속하는 당돌함을 보이기도 하지만 실제 결혼을 했는지는 나타나지 않고 있다. 홈스는 소설에서 독신자로 등장하지만, 결혼에 관한 관심이 적지 않은 인물이었다.

홈스에
대한
프랑스의
대답

사람들은 늘 일탈에 대한 로맨스에 빠진다. 겉으로는 스스로 성인군자나 도덕주의자임을 외치는 이들도 포르노 영화에 심취하며 사회규칙을 어기는 행위에 몰두하기도 한다.

이는 인간의 당연한 본성이다. 인간은 사회의 흐름에 맹종하기도 하지만 이를 벗어나기 위한 욕구를 양날의 칼처럼 휘두르는 복잡한 존재다. 홈스가 원칙주의자라면 뤼팽은 변칙복서에 가깝다. 독자들은 범법자를 처리하는 홈스의 활약에 환호한다. 그리고 뤼팽의 범법행위에 대해서도 아낌없이 심정적인 지지를 보낸다.

모리스 르블랑이라는 프랑스 작가가 만들어 낸 뤼팽의 탄생 동기는 바로 홈스 때문이었다. 영국산 배트맨인 홈스의 활약에 심기가 편치 않았던 프랑스 정부에서는 이에 대응할 만한 인물을 원했다. 아르센 뤼팽은 홈스보다 무려 30년 뒤인 1874년에 탄생한다. 예술의 나라 프랑스답게 뤼팽의 이미지는 자유주의자의 분위기를 물씬 풍기고 있다.

뤼팽은 귀족 출신의 어머니와 펜싱, 권투, 기계체조 등에 능한 하층계급에 속했던 체육교사 출신의 아버지 아래서 성장한다. 그는 프랑스 전통 무술인 사바테와 각종 무술에 통달한 인물로 묘사되고 있다. 그는 홈스처럼 외국어에 능통했으며 특히 예술품에 대한 조예가 전문가 수준에 달한 기인이다. 또한, 마술에 능했으며 웬만한 장정은 눈 깜짝할 사이에 해치우는 괴력의 소유자로 등장한다. 이렇게 홈스의 장점을 능가하는 능력을 갖춘 존재로 뤼팽은 만들어진다.

뤼팽은 독신남으로 등장하는 홈스와 달리 수많은 여성과 연애를 즐기면서 무려 다섯 번의 결혼을 치른 인물이다. 범법자와 사회정의를 외치는 의인이라는 두 가지 얼굴을 지닌 인물인 뤼팽은 세 번의 투옥과 세 번의 탈옥을 반복하는 흥미 만점의 인물이다.

　신비주의자 뤼팽은 소설마다 비슷한 모습으로 등장하는 홈스와 달리 매번 다른 이미지로 소설에 등장하는 매력남이다. 그는 변신술에도 능해서 독자들에게 누가 뤼팽인지를 쉽게 설명해주지 않는다. 자신의 범죄를 사전에 공개한 후 이를 아무렇지도 않게 완수해내는 이른바 예고범죄의 달인이기도 하다. 이후 뤼팽의 행적을 흉내 낸 피어스 브로스넌이 주연한 영화 〈토마스 크라운 어페어〉가 등장하기도 한다.

최후의
승자는
홈스도
뤼팽도
아니었다

　　　그렇다. 유럽을 호령하던 양대산맥이었던 영국과 프랑스. 그들이 창출해낸 홈스와 뤼팽은 1900년대 초반 무렵 양국의 대통령 못지않게 엄청난 인기와 관심을 받았던 가상의 인물들이었다. 하지만 이들의 인기는 미국이라는 신흥강국이 등장하면서 조금씩 수면 아래로 사라진다.

　미국은 탐정소설이 아닌 만화를 통해서 자국을 상징하는 인물을 만들어낸다. 바로 슈퍼맨, 배트맨, 스파이더맨, 원더우먼, 캡틴 아메리카류의 초능력을 가진 슈퍼영웅이었다. 이들은 홈스처럼 독신자로 미디어에 등장한다. 살인사건이나 도난사건 등을 해결하는 지적인 홈스와 달리 슈퍼영웅들은 무시무시한 초능력으로 지구를 위협하는 가상의 적을 무찌른다. 우리 주위에서 일어날 수 있는 생활형 범죄가 아닌 지구평화라는 거대과업의 해결사로 등장한다.

미국산 슈퍼영웅의 사생활은 홈스보다는 뤼팽에 가깝다. 공개적으로 자신의 직업을 영위하는 홈스와 달리 그늘 속에서 살아야 하는 이중신분을 가진 뤼팽에게 상대적으로 호기심을 더 가지듯이 대부분 슈퍼영웅 역시 평소에는 미국시민으로 활동하는 이들이다. 시청자들은 아무 생각 없이 슈퍼영웅의 활약을 즐기면서 초강대국으로 자리 잡은 미국의 이미지를 부지불식간에 주입한다. 미국문화의 상징인 초능력자들의 모습이 곧 미국이 원하는 자국의 미래인 셈이다.

그렇다면 한국의 홈스, 뤼팽, 슈퍼영웅은 누구일까. 타임머신을 타고 돌아가 보면 홍길동이 등장한다. 홍길동은 연산군 시대에 농민무장운동을 이끌었던 인물이다. 대략 1500년을 무대로 활약하던 인물이니 나이로만 따진다면 홈스나 뤼팽의 증조할아버지 격이다. 사회 혁명가에 가까운 홍길동의 이미지는 홈스보다는 뤼팽에 가까우며 정의로운 사회를 구현하겠다는 의지는 미국산 슈퍼영웅을 닮았다.

물론 홍길동은 초능력자는 아니다. 홍길동의 뒤를 이을 만한 인물로는 임꺽정과 장길산이 존재한다. 이들은 조선시대의 3대 도적으로 당시 대중들의 엄청난 관심과 사랑을 받았던 인물이었다.

아쉬운 점이라면 한국사회에서는 이들의 인기를 이어갈 만한 인물이 등장하지 않았다는 점이다. 한국의 이미지는 박물관이나 인사동 거리에서만 제한적으로 창조해야 하는 상징이 아니다. 88올림픽을 상징했던 마스코트 호돌이처럼 일회성 캐릭터가 아닌, 문학작품을 통해서 구현해낼 수 있는, 적어도 이우혁의 소설 〈퇴마록〉 시리즈에 등장하는 인물 이상의 존재들이 나와야 비로소 경제대국이나 전쟁대국이 아닌 문화대국으로 발돋움할 수 있는 단초가 되지 않을까 싶다. 그러한 인물은 가능하면 독신자라는 자유롭고 진취적인 캐릭터로 설정되어야 대중들의 호감도가 높아질 것이다. 한국의 셜록 홈스가 탄생하는 그날을 기원하면서 이 이야기를 마친다.

참고문헌

1. 아서 코넌 도일 지음, 『셜록 홈즈 전집 세트』, 황금가지, 2002.

2. 모리스 르블랑 지음, 『아르센 뤼팽 전집 세트』, 황금가지, 2002.

클라크 켄트

DC 코믹스의 슈퍼스타

클라크 켄트는 슈퍼맨이다

슈퍼맨이 친구라면 얼마나 멋질까. 당신의 이사를 도와줄 사람으로 슈퍼맨보다 더 나은 사람이 있는가. 그는 이사를 60분 만에 끝낼 것이며, 그 와중에 커피를 마실 시간도 가질 것이다. 슈퍼맨과 함께 야외 파티를 준비해 본다면 어떨까. 눈에서 나오는 광선으로 그릴에 불을 붙이고, 현미경 같은 시력으로 고기의 모든 미세 세균들이 죽었음을 확인할 수 있으며, 슈퍼 입김으로 청량음료를 차갑게 유지해 주지 않겠는가. 그는 혼자서 바비큐 요리까지 해낼 수 있다.

대니얼 P. 말로이의 글 『배트맨과 철학』에서 언급했듯이 슈퍼맨이 세상에서 가장 오래된 보이스카우트라고 불리는 데에는 그만한 이유가 있다. 그는 믿음직스럽고, 충성스럽고, 예의 바르고, 친절하고, 유쾌하고, 용감하기까지 하다. 물론 슈퍼맨이 쿨하다거나 특별히 재미있는 인물은 아니지만 의지할 만하고, 너그럽고, 인내력이 넘치는 존재임이 확실하다.

저자는 슈퍼맨이 갖고 있는 인격적인 요소, 즉 슈퍼맨은 가장 높은 수준의 우정을 지닌 존재라고 말하고 있다. 여기에서 의미하는 높은 수준의 우정이란 영속성과 발전성의 측면에서 진가를 발휘한다. 슈퍼맨은 어떤 유형의 인간과도 친분관계를 맺을 수 있는, 인간관계에서도 초능력을 발휘할 수 있는 존재다.

하지만 슈퍼맨에게도 관계유지가 어려운 대상이 있다. 영화 〈슈퍼맨〉 시리즈에 등장하는 렉스 루터 박사의 유형이다. 기회주의자이자 지구파괴를 노리는 렉스 루터는 슈퍼맨과 어떤 형태의 친분도 불가능한 존재로 등장한다. 이는 미국산 만화에서 등장하는 초능력자들. 예를 들면 원더우먼, 아쿠아맨, 배트맨, 스파이더맨, 캡틴 아메리카, 헐크, 토르의 스토리텔링에서 단골로 등장하는 선과 악의 이분법과 정확히 일치한다.

위에 등장하는 초능력자들의 선과 악의 극단적인 대치 외에도 초능력자들은 공통점이 존재한다. 이들은 대부분이 독신자라는 점이다.(영화 〈어벤져스 2〉에서 '호크아이'는 유일하게 가정이 있는 남자로 등장한다.) 그들에게 연인은 있을지언정 배우자는 존재하지 않는다. 악으로 똘똘 뭉친 강력한 상대방을 무찌르기 위해서는(실제로 이런 인물이 현실 속에서 얼마나 존재하는지에 대해서 물음표지만) 자신의 생명을 담보해야만 한다. 가정의 일원이라는 안정적인 이미지는 하루가 멀다 하고 전투를 거듭해야 하는 초능력자에게 어울리지 않는다. 그들은 철저하게 혼자다.

슈퍼맨
탄생의
비밀

그렇다면 모태 솔로인 슈퍼맨의 탄생 비화에 대해서 알아보자. 1932년 미국의 10대 소년 제리 시걸(Jerry Siegel)은 지구 평화를 수호하는 강력한 남성에 대한 구상에 착수한다. 이를 동료였던 조 슈스터(Joe Shuster)가 만화로 형상화하여 강철 근육에 블루타이즈, 빨간 팬츠와 망토 의상과 함께 부츠를 신고, 가슴에 알파벳 S를 크게 그린, 외계에 있는 크립톤(Krypton) 행성에서 온 슈퍼맨을 탄생시킨다.

시걸과 슈스터는 초능력을 지닌 영웅이 천재 악당과 싸운다는 착상을 토대로 슈퍼맨이라는 독창적인 인물을 연재만화를 통해서 세상에 알린다. 그들의 연재만화는 1938년 DC 코믹스의 전신으로 알려진 디텍티브 코믹스(Detective Comics)에 매각된 슈퍼맨 캐릭터로 등장한다.

슈퍼맨의 이름인 클라크 켄트는 영화배우 클라크 케이블에서 따왔다고 시걸은 인터뷰 기사에서 밝히고 있다. 도서『슈퍼영웅의 과학』에 의하면, 만화『슈퍼맨』이 성공을 거두면서 만화책은 소수계층이 즐기는 오락

물에서 미국 오락 산업의 주류로 격상했다. 또한, 1930년대 당시 인구 4천만이었던 미국에서 슈퍼맨이 국가적인 대중문화 현상이 되었던 결정적인 이유는 그의 초인적인 능력이었다.

슈퍼맨이 탄생했던 시대인 1930년대 미국경제는 대공황기를 겪어야만 했다. 이는 정치적인 혼란과 함께 문화적 자원이 전무하던 시절이었다. 높은 실업률과 마피아들의 불법행위로 미국의 서민들은 불안한 현실을 구제할 수 있는 신적인 존재에 대한 갈망이 극에 달한 상태였다. 이러한 시대에 탄생한 슈퍼맨 만화는 대중들의 억눌린 감정의 돌파구였다.

슈퍼맨의 능력은 탄생 당시만 해도 대포알의 파괴력을 견딜 정도의 힘을 가진 존재였다. 이후 과학의 발전과 더불어 슈퍼맨의 능력도 정비례 곡선을 이룬다. 1960년대까지 슈퍼맨은 원자폭탄의 파워와 견줄 만한 무적의 캐릭터로 변신한다. 이러한 강철인간을 물리칠 만한 존재가 사라지자, 슈퍼맨에 대한 대중들의 인기도 정체현상을 보인다.

1960년대 중반에 들어서자 새로운 슈퍼맨의 역사가 등장한다. 슈퍼맨은 더는 무적의 존재가 아니었다. 그는 인간적인 감정에 쉽게 흔들리는 신세대 초능력자로 변신한다. 제2차 세계대전의 성취감을 맛본 미국대중들은 경기호황과 함께 인간적인 약점을 가진 초능력자를 원했기 때문이다. 이후 슈퍼맨은 라디오 드라마, 영화, 애니메이션, 텔레비전 시리즈 등을 통해서 문어발식 세력 확장에 나선다. 2012년도에는 영화 〈슈퍼맨 : 맨 오브 스틸(Superman : The Man of Steel)〉이 등장한다.

슈퍼맨은
곧
미국의
상징이다

냉전시대를 넘어선 미국의 거침없는 질주와 함께 슈퍼맨을 해석하는 시각 또한 변화를 거듭한다. 도서『슈퍼 히어로 미국을 말하다』에 의하면 21세기를 살아가는 세대에게는 자신들이 사는 세상이 과거보다 더 위험하고, 불공정하며, 엉망진창으로 뒤엉켜 있다고 말한다.

그들의 눈에 비치는 세상은 무한 팽창하는 자본주의가 항상 승리하고, 정치가는 항상 거짓말을 하며, 스포츠 우상은 약물을 복용한다고 설명하고 있다. 저자는 이러한 이유로 슈퍼맨을 적극적으로 지구를 보호하는 극단적인 보수주의자로 정의한다.

하지만 저자는 슈퍼맨이야말로 전 세계 모든 지역의 독자에게 이타적인 영웅적 행위의 미덕을 보여주는 존재라고 치켜세운다. 그리고 슈퍼맨은 다른 사람에게 도움을 주는 과정에서 자기만이 가진 고유한 능력을 발휘하고 참된 운명을 실현하는 인물이라고 정리하면서 글을 마친다.

재미있는 부분은 이러한 슈퍼맨의 변신과정이 미국의 패권주의 역사와 궤적을 같이 한다는 점이다. 10대 청소년들의 만화소재에서 탄생한 슈퍼맨이 이제는 미국의 힘을 상징하는 존재가 되어 버린 상황에 대해서 진보지식인들은 문화콘텐츠를 이용한 미국의 문화전파 전략을 비판한다.

20세기까지는 군사력이 세계를 지배했다면 이제는 경제와 문화를 통한 지배전략이 강대국의 논리라는 것이다.

서두에서 소개한 김용석의 저서 『문화적인 것과 인간적인 것』에 의하면, 탈인간화의 다른 일면은 인간이 인간으로서의 능력을 벗어나는 어떠한 힘을 얻고자 할 때에 발생한다고 한다.

이는 사람들의 초인간적 욕망을 투영하며, 인류역사를 통해서 초인간적 모델은 수없이 많았다는 이야기다. 대표적인 예로 고대의 신화적 영웅인 '헤라클레스'를 포함하여 현대문화에서는 '소머즈', '6백만 불의 사나이', '원더우먼' 등 매우 다양한 캐릭터가 존재한다는 것이다.

저자는 이들의 공통분모는 초인간화의 매력이며 그들이 만화, 영화 등 현대문화의 주류를 이루는 분야에서 다수 사람에게 인기를 끌고 있다는 사실은 초인간성을 향한 탈인간적 욕구가 현대문화에서는 일상화된 경향이라는 것을 엿보게 한다고 언급한다.

슈퍼영웅의 딜레마

슈퍼맨을 포함한 슈퍼영웅들의 딜레마는 무엇일까. 정답은 이들이 천형처럼 짊어지고 가야 하는 도덕적 삶이 아닐까 싶다. 이유는 뜻밖에 간단하다. 이들이 가지고 있는 초월적 능력을 이기적인 목적으로 사용할 때 사회는 대혼란에 빠지기 마련이다.

하지만 인간 세계에서 지나친 도덕주의자는 매력이 없다. 조금 더 나아가서 도덕강박증에 빠진 사회는 변화와 창조를 쉽사리 인정하지 않는다. 이는 다수의 행복을 부르짖는 공리주의자의 논리와 흡사한 부분이다.

공리주의에 따르면 인간의 모든 행동 중에서 가장 많은 이익을 가져오는 행동을 선택할 때 옳은 일을 했다고 말한다. 또 무엇이 가장 많은 이익을 가져오는가는 이 행동으로 생기는 행복의 양에 의해 결정된다는 의미다. 행복의 양은 행동이 쾌락을 얼마만큼 최대화하고 고통을 얼마만큼 최소화하느냐는 기준으로 판단한다.

슈퍼맨은 가정을 가진 평범한 인간의 삶을 선택해서는 마음껏 자신의 초능력을 발휘해서 지구를 구원할 수 없는 존재다. 그는 공리주의의 이론, 즉 다수의 이익을 위해서 자신의 직장이나 연인을 잃는 희생이 따르더라도 비행기나 폭발 일보 직전의 건물을 구해야만 하는 것이다. 따라서 그는 사회의 도덕적 의무를 다하기 위해서 탄생한 독신자다.

여기까지 우리는 슈퍼맨이 감당해야 하는 상황논리와 그가 수행해야만 하는 도덕적 의무에 대해서 알아보았다. 사실 슈퍼맨이 초능력자라고 해서 반드시 악당과 싸우고 지구의 평화를 위해서 자신의 사생활을 포기해야 할 필요까지는 없다.

하지만 그가 슈퍼맨의 역할을 맡기로 한 다음에는 수많은 도덕적 책임을 이행해야만 한다. 이러한 과정에서 슈퍼맨이라는 개인적 가치는 철저하게 파괴되는 과정을 수반한다.

결국, 슈퍼맨은 초능력자라는 자신의 숙명을 위해서 독신자의 삶을 선택한 셈이다. 예를 들어 슈퍼맨이 사랑하는 여인을 만나서 가정을 완성하는 순간, 대중이 원하는 슈퍼맨의 신화는 깨끗이 사라진다. 하지만 초능력자가 아닌 진정한 인간으로서 슈퍼맨의 삶은 그 시점부터 새롭게 시작하는 셈이다. 영웅에서 개인으로 화하는 슈퍼맨의 미래를 상상하는 순간, 우리의 자아는 사회에서 규격화한 초능력자의 악몽에서 벗어나는 즐거움과 해방감을 만끽할 수 있을 것이다.

참고문헌

1. 로이스 그레시, 로버트 와인버그 지음, 『슈퍼영웅의 과학』, 이한음 옮김, 한승, 2004.

2. 마크 웨이드 外 지음, 『슈퍼 히어로 미국을 말하다』, 하윤숙 옮김, 잠, 2010.

3. 김용석 지음, 『문화적인 것과 인간적인 것』, 푸른숲, 2010.

4. 제프 로브, 짐 리, 스콧 윌리엄스 지음, 『베트맨 허쉬 1, 2』, 박중서 옮김, 세미콜론, 2011.

5. 마크 D. 화이트 外 엮음, 『배트맨과 철학』, 남지민, 신희승, 이해림, 차유진 옮김, 그린비, 2013.

제임스 본드

플레이보이의 방정식

지금,
임무수행
중입니다

초등학교 시절에는 영화가 귀했다. 가족
끼리 극장에서 영화를 보는 일은 요즘으로 따지면 국내여행과 맞먹는 일
종의 연중행사였다. 당시는 안방에 고이 모셔 둔 흑백텔레비전 앞에서 주
말의 명화를 보는 것만 해도 즐거운 일과였다.

영화를 본다는 것. 지금은 아무렇지 않은 일과지만 당시에는 즐겁고
소중한 행사였다. 따라서 초등학생 신분으로 성인용 극장 영화를 보고 온
녀석이 학교에 나타나면 늘 부러움의 대상이었다.

어떤 경로를 통해서 녀석이 연소자 관람불가 영화를 보았는지는 중요하지 않았다. 우리가 알고 싶은 것은 영화에 나오는 야한 장면에 대한 녀석의 실감 나는 묘사였으니까. 볼이 빨개지는 것도 모른 채 영화 속에 등장하는 섹스 장면에 관한 이야기를 듣는 것이 삶의 즐거움이었다. 심지어 뜨거운 군침을 연신 삼켜가면서 이야기에 집중했던 녀석도 있었다. 물론 나는 아니라고 기억한다.

어린 시절, 영화에 대한 환상은 새로운 인생에 대한 공상으로 이어진다. 영화를 보는 행위 못지않게 영화를 상상하는 행위 또한 중요하다. 영화는 영화가 아니다. 영화는 상상이며, 환상이며, 공상의 근원이어야 한다. 상상하지 않는 자는 돌하르방처럼 굳어버린 일상 속으로 함몰될 뿐이다.

녀석은 학교 운동장 구석에서 코흘리개 친구들에 둘러싸인 채 '007' 영화 이야기를 풀어내고 있었다. 내용은 대충 이렇다. 007 아저씨(당시는 배우 로저 무어가 007 역을 맡았었다.)가 영화 막판에 보트 위에서 여자와 정신없이 섹스하고 있었음. 마침 그때 헬기가 바다 위를 슬쩍 지나감. 헬기에 타고 있던 인물은 007의 상사. 그 장면을 목격한 상사가 확성기로 007에게 지금 뭐 하느냐고 질문함. 이에 007 왈, "지금, 임무수행 중입니다!". 나를 포함한 코흘리개 친구들의 머릿속에는 영화의 한 장면이 정신없이 조합되는 중이었다.

왜
그들은
007에 환호하는가

영화 007의 탄생연도는 1962년이다. 스코틀랜드가 고향인 영국배우 숀 코너리가 '007' 시리즈의 1번 타자였다. 007의 원작자는 이언 플레밍이라는 작가였다. 그 역시 숀 코너리와 함께 영국출신으로 제2차 세계대전 중 해군 정보부의 중령으로 복무한다.

이언 플레밍은 실제 007처럼 세계를 제집처럼 누비는 천하무적의 스파이가 아니었다. 하지만 이언 플레밍은 스스로 첩보분석가로 일했으며 CIA의 국장으로 활동했던 빌 도너번의 친구였다.

그는 전쟁이 끝난 후, 생계유지를 위해서 글쓰기를 시작한다. 그의 글에서 등장하는 007은 자신이 원하는, 새로운 이미지의 스파이였다. 소설에서 등장하는 007은 멋진 디너 재킷을 입고 카지노를 방문하고, 최고급 담배와 술을 즐기며, 아름다운 여성들과 거리낌 없이 섹스하며, 세상에서 하나뿐인 자동차를 운전하며, 어떤 적 앞에서도 기죽지 않는 대담성과 전투능력을 갖춘 매력남이었다.

참고로 나는 '007' 시리즈를 전부 다 보았다. 그것도 한 시리즈당 최소 두 번 이상씩. 1965년 개봉한 '007' 시리즈 1편 〈007 살인번호〉에서는 자메이카를 무대로 적을 무찌르는 007이 등장한다. 〈007 골드 핑거〉에서는 둥그런 모자를 날려서 상대방을 공격하는 동양인 악당이 등장한다. 〈007 나를 사랑한 스파이〉에서는 죠스라고 불리는, 이빨에 철갑을 한 거인이 나온다.

이들은 모두 007 이상으로 관객들에게 관심을 받았던 인물들이었다.

무려 반세기 가까이 영화화되고 있는 '007' 시리즈의 흥행비결은 무엇일까. 이는 할리우드 블록버스터 영화의 성공비결과 맥을 같이 한다. 관람객은 '007' 시리즈의 결론에 대해서는 궁금해하지 않는다. 그들은 어차피 주인공 007은 적을 물리치고 살아남는다는 사실을 인지한 상태에서 극장을 찾는다.

그렇다면 관객들은 왜 '007' 시리즈에 환호할까. 정답은 간단하다. 그들은 영화의 과정을 즐기고 싶은 것이다. 예를 들면 싸움에도 규칙이란 게 있다. 주먹을 쓰는 싸움도 있지만, 주먹과 발차기를 동시에 쓰는 싸움도 있고, 무기를 동원하는 싸움도 있다. 007은 종합격투기 선수의 능력에 최첨단 무기까지 겸비한 슈퍼맨급의 스파이다. 영화의 재미는 이것뿐만이 아니다.

007은 시리즈마다 새롭게 등장하는 신무기를 관객들에게 선보인다. 예를 들면 라이터형 몰래 카메라, 뒤꿈치에 송신기가 내장된 구두, 카메라 렌즈가 장착된 담배 케이스, 탄환이 들어간 립스틱 총, 손목시계 마이크 등이다. 이러한 무기들은 실제 냉전시대에 미국 CIA와 소련 KGB 요원들에게 지급되었던 발명품이었다. 영화 초반에 소개하는 다양한 신무기들은 절체절명의 위기마다 007을 위험에서 구출한다. 여성들은 007의 무지막지한 전투력과 세련된 매너, 결정적으로 어떤 여자든지 유혹해버리는 플레이보이 기질에 넋을 잃는다.

다음으로 007을 통한 완벽한 남성상의 구현이다. 시대별로 007의 이미지는 변신을 거듭했다. 1기 007인 숀 코너리와 2기 007인 로저 무어는 비슷한 이미지를 가지고 있었다. 둘 다 엄청난 바람둥이에 어떤 위기에서도 여유를 잊지 않는다는 것. 관객들은 현실에서 볼 수 없는 완벽한 남성상을 스크린에서 만날 수 있었다. 이러한 기조는 4기 007인 피어스 브로스어넌까지 이어진다.

마지막으로 선인과 악인이라는 이원화 논리로 구성되는 스토리라인이다. 007에는 수많은 악당이 등장한다. 미소 냉전시대에는 공산주의 국가가, 핵무기의 개발이 본격화되었을 당시에는 이를 무기로 세계를 위협하는 집단이 등장한다. 그것도 아니면 중동의 테러집단이나, 기독교를 절대신으로 섬기는 미국이 싫어하는 신흥종교집단이 악당의 역할을 담당했다. 영어권 국가인 미국과 영국을 중심으로 대치한 모든 집단을 악으로 규명하는 007의 논리구조는 가히 희극적이다.

살인기계
007의
두 얼굴

007은 자국의 첩보기관에서 발급했다는 살인면허가 있다. 자국의 이익에 반하는 인간은 누구든지 사살해도 문제가 안 된다는 논리다. 조금 심하지 않은가. 여기에서 굳이 생명존중 사상을 끌어들이고 싶지는 않다. 하지만 전쟁에서 승전국의 병사는 상대방 국민을 죽인 죄의 대가를 묻지 않는다는 논리가 영화에서도 버젓이 통용되는 것은 비극이다.

영어권 국가는 늘 선한 존재라는 개똥철학을 관객들에게 주입하는 행위 또한 비극이다. 이러한 비극의 악순환을 007이라는 인물을 통해서 형상화하는 것 역시 비극이다. 영화제작자는 이렇게 비극에 비극을 모아 007의 이미지를 희극화하는 과정에 골몰한다.

영화 한 편당 적어도 10명 이상의 상대편을 사살하는 007은 늘 살인의 위협에 시달린다. 하지만 007은 초조해하지도, 불안해하지도 않는다. 아무런 감정 없이 상대방을 제거하는 007은 자연스럽게 독신자로 등장한다.

007의 연애방정식 역시 아무런 감정의 여과를 거치지 않는다. 매력적인 여인을 만나면 섹스를 하고, 섹스를 마치면 아무런 동요 없이 현실로 돌아간다. 관객들은 그런 007의 뻔뻔함과 냉정함에 매료된다.

시대는 변한다. 영화 역시 변화를 거듭한다. 냉전시대가 끝난 21세기 007의 이미지는 새로운 역할을 강요받는다. 다니엘 크레이그가 맡은 007의 이미지는 예전과 다르다. 그는 한 여자에게 순정을 바치기도 하며, 죽음의 위협에서 갈등하기도 한다. 감정이입과 번뇌라는, 인간을 구성하는 기본적인 요소들이 배우 007에게도 필요해진 것이다. 이제 관객들은 과거보다는 비교적 인간적인 살인기계 007을 스크린에서 만날 수 있다.

007이
실업자가 되는
세상을 꿈꾸다

1991년 12월 8일을 기억하는가. 바로 공산주의의 맹주였던 소비에트 연방이 해체된 날이다. 보리스 옐친 러시아 공화국 대통령을 주축으로 '독립 국가 공동체'의 창립을 선언한 날인 동시에 미소 냉전이 종식을 고한 날이기도 하다. 소련이 사라지면 영화 '007' 시리즈에서 염원하는 지구평화가 이루어질 것이라고 예상한 역사학자는 없었을 것이다.

평화라는 매력적인 이데올로기는 전 세계가 동시다발적으로 누릴 수 있는 일종의 성탄절 선물이 아니다. 평화의 반대편에는 군국주의 국가에서 전가의 보도처럼 휘두르는 전쟁이 존재한다. 공산권 국가의 몰락 이후 세계는 25년째 미국의 전성시대로 이어지고 있다. 무역도, 금융도, 군사력도, 영화산업도, 언어도 모두 미국의 손아귀에 있다. 기업문화에서 독과점 현상은 국가경제를 마비시킬 수 있는 위협 요소다. 국가 간의 역할 또한 이와 크게 다르지 않다. 견제와 균형은 평화를 유지할 수 있는 단초이자 해결책이다. 문제는 견제와 균형의 역할을 수행할 만한 국가가 보이지 않는다는 거다.

소련의 붕괴 이후 미국의 힘은 곱절 이상으로 강해졌다. 힘이 늘어난다는 것은 또 다른 재앙을 잉태한다. 미국 또한 마찬가지가 아닐까. 이제 미국을 위협할 만한 존재는 잘해야 중국 정도를 제외하고는 남아 있지 않다. 연평균 80회 이상 전쟁에 참여하는 미국의 가치관을 세계평화라고 말하는 이는 없다.

스파링 파트너가 사라진 '007' 역시 영화산업에서 1990년대 이전만

큼의 폭발적인 인기를 누리지 못하고 있다. 냉전시대 전사를 상징했던 007의 이미지를 탈피하려고 해도, 그만큼의 전투력을 가진 존재를 만들어내기가 쉽지 않기 때문이다. 오죽하면 플라이급에서 빌빌대는 북한을 적으로 삼아 '007' 시리즈를 만들었을까.

그렇다면 미래의 007은 어떤 모습이어야 할까. 욕심 같아서는 영어권 국가가 아닌, 약소국가 출신의 007이 등장한다면 어떨까 싶다. 관객들은 강자보다는 약자의 활약에 환호를 보낸다. 미국과 영국이라는 제국주의 국가의 대변자이자 투사로서의 007이 아닌, 진정으로 세계평화를 염원하는 007의 재림을 바라는 것은 필자만의 욕심일까.

플레이보이에서 플레이메이커로, 살인기계에서 평화전도사로, 냉혈남에서 순정남으로, 살인면허에서 사랑면허 소지자로 007의 미래는 변할 수 있다. 물론 전제가 있어야 한다. 스파이가 사라진 세상, 전쟁이 없는 세상, 강자만이 득세하지 않는 상황에서 007이 실업자가 된다면 말이다. 함께 기원해 보자. 007이 실업자가 되는 평화로운 세상을.

참고문헌

1. 로이스 그레시, 로버트 와인버그 지음, 『007 제임스 본드의 과학』, 유나영 옮김, 한승, 2006.

존 람보

영웅의 두 얼굴

아버지와
함께
떠난
캐나다
여행

2000년 10월이었다. 아버지와 캐나다 여행을 떠났다. 그는 1999년 회사를 은퇴하고 새로운 삶에 적응해야 하는, 이를테면 제2의 사회적응기를 보내고 있었다. 사실 난 아버지와 제대로 소통해본 적이 없었다. 서른 살이 될 때까지 무려 10년이 넘도록 아버지는 지방에서 홀로 근무를 했다. 게다가 아버지는 배다른 형 아래서 괄시를 받으면서 성장해야 했던 삶의 그늘이 있었다. 아버지가 가진 태생적인 어둠은 나의 성장기에 커다란 영향을 미쳤다.

그런 아버지와 함께 떠난 여행은 값진 추억이라기보다는 작은 상처이자 아픔으로 내 기억에 문신처럼 남아 있다. 여행은 캐나다 밴쿠버 공항에 도착하면서부터 불협화음을 내기 시작했다.

심사국에서 아버지와 나의 여권을 가지고 문제를 제기한 것이다. 아버지의 여권에는 'Rhee', 내 여권에는 'Lee'라는, 부자 사이로 보기에는 다른 철자의 성이 영어로 표기되어 있었다.

나는 짜증 섞인 목소리로 아버지에게 말했다. "왜 성을 잘 쓰지도 않는 Rhee로 했어요?" 아버지는 다른 곳을 쳐다보면서 대답했다. 처음 여권을 만들 때 'Lee'라는 성은 너무 흔해서 다른 성씨를 써 보자는 부하직원의 의견을 따른 것이라고. 이미 엎질러진 물이었다. 우리는 캐나다로 밀입국하려는 수상쩍은 동양인 부자였다.

시차 때문에 쏟아지는 졸음과 피로, 감정이라고는 눈 씻고도 찾아볼 수 없는 공항직원들의 태도에 온몸이 물에 젖은 휴지 뭉치처럼 무거워졌다. 우리는 가방에서부터 옷 검사까지 마친 후 거의 3시간 만에 공항을 빠져나왔다. 아버지는 여전히 말이 없었다. 무뚝뚝한 아버지로 인해 여행객들과 갈등이 생기지 않도록 항시 신경을 곤두세워야 했다.

7박 9일간의 캐나다 여행 내내 그는 분위기 메이커가 아닌 분위기 파괴자로 존재했다. 총 8명으로 이루어진 캐나다 여행팀은 연장자인 아버지의 심기에 따라서 분위기가 급변하는 상황을 반복했다. 함께 이동하는 여행객들과 원만한 관계를 유지하기 위해서 어쩔 수 없이 말이 많은 모임의 일원이 되어야만 했다. 그런 와중에도 캐나다 여행은 나쁘지 않았다. 왜냐하면, 캐나다에는 벤프가 있었기 때문이었다.

〈람보〉의 촬영지는 미국이 아니라 캐나다였다

영화 〈람보〉 1편의 무대는 캐나다의 아담한 동네인 벤프라는 곳이다. 벤프. 죽기 전에 다시 한 번 가고 싶은 장소를 고르라면 스위스 루체른과 독일의 프라이부르크 그리고 캐나다 벤프를 꼽고 싶다.

15년 전의 기억을 되살려 보자면 벤프라는 동네는 작고 아담한 로키산맥과 제일 잘 어울리는 관광지다. 쾌적한 공기는 말할 것도 없거니와, 아담한 호텔을 제외하고는 시야를 가리는 고층건물이 없다는 점, 벤프의 자랑인 국립공원이 존재하며, 무엇보다 여유롭게 산책하기에 최적의 장소라는 것이다.

전설적인 복서 록키 마르시아노를 모델로 한 영화 〈록키〉 시리즈로 돈방석에 앉은 실베스터 스탤론은 1982년 영화 〈람보〉에 출연한다. 1982년은 보수당 출신의 대통령 레이건이 집권하던 시기다. 레이건은 1975년 막을 내린 베트남전의 상처에서 벗어나 레이거노믹스를 모토로 한 미국 제일주의를 주창했다. 당시 미국은 소련이라는 지상 최대의 라이벌과 힘겨루기 해야 하는 처지였다. 베트남전의 상흔이 가시지 않은 미국의 뒷모습이 바로 영화 〈람보〉의 실체였다.

영화 〈람보〉 1편을 지금은 사라진 명동성당 건너편에 있는 중앙극장에서 보았다. 당시 옆자리에는 아버지가 앉아 있었다. 말수가 없던 아버지는 극장을 빠져나오면서 영화에 대한 별다른 부언이 없었다. 기억에 의하면 마지막에 경찰에 잡혀가는 람보의 모습이 쓸쓸해 보였다는 것 정도였다.

월남전에서 돌아온 람보는 친구를 만나기 위해 로키산맥 근처의 마을에 도착한다. 〈람보〉 1편 영화의 시작은 이렇게 막을 연다. 바로 그곳이 캐나다의 벤프였다. 미국 내에서 전쟁 또는 액션 영화를 촬영할 경우, 변하지 않는 규칙이 존재한다. 영화사는 촬영을 위해서 미국 군수업체나 군부대의 신세를 져야만 한다. 영화 내용이 미국 제일주의를 옹호하는 경우라면 문제가 없다.

하지만 미국의 군국주의를 비판하거나 이러한 폭력성을 비난하는 영화인 경우, 이야기가 180도 달라진다. 만약 영화의 시나리오가 미국 패권주의와 상충하는 내용을 담고 있다면 영화제작자는 여러 가지 어려움을 감수해야만 한다.

수년 전에 〈람보〉 1편 DVD를 다시 보면서 왜 이 영화가 미국이 아닌 캐나다에서 제작되었는지 알게 되었다. 보수적인 남성성을 상징하는 레이거노미즘이 득세하는 미국 땅에서 미국의 그늘진 구석을 파헤치는 영화는 환영받을 수가 없기 때문이었다. 그것도 미국을 10년이 넘도록 괴롭힌 월남전을 소재로 했다면 말이다.

스탤론의
변신은
유죄였다

다시 영화 이야기로 돌아가자. 람보는 참전용사였던 친구를 만나기 위해서 어떤 마을을 방문한다. 순간, 그의 허름한 행색에서 심한 거부감을 느끼는 백인 보안관이 등장한다. 귀순용사 람보는 마을 입구에서부터 그를 경계하는 보안관의 강압에 이끌려 경찰서 감옥에 갇힌다. 월남전의 악몽에서 헤어나지 못하는 람보. 그는 경찰서를 탈출하여 마을 경찰관들과 대치한다. 특수부대 출신의 람보를 당해내지 못하는 경찰관들. 영화는 결국 주방위군까지 투입해 퇴역군인 출신의 람보와 대치국면을 이어간다.

이 시점에서 해결사가 등장한다. 람보의 옛 상사가 사건의 현장에 호출된다. 람보는 그의 중재로 전투를 포기하고 자수를 택한다. 사실 영화를 보는 내내 보안관 못지않게 얄미웠던 인물이 람보의 상사였다. 입으로는 람보의 편을 들지만 스스로는 국가의 가치를 대변하는 정치장교라는 입장에서 그의 이중성이 드러난다. 그의 역할은 람보를 체포함과 동시에 대치상황을 해결하는 것이다. 람보는 결국 상사의 의도대로 행동한다. 영화 초중반까지 람보는 미국 패권주의에 대항하는 멋진 자유주의자로 묘사되지만, 종국에는 람보를 범죄자로 서둘러 마무리해버린다.

주인공 람보 역을 맡았던 실베스터 스탤론을 설명하기 위해서는 영화 〈록키〉 시리즈를 빼놓을 수 없다. '미국은 기회의 나라'라는 문구를 친절하게 설명해주는 영화 〈록키〉. 이 영화 시나리오의 주인공은 주연을 맡은 배우 실베스터 스탤론이었다.

그는 포르노 단역 배우로 활동하면서도 자신이 직접 쓴 영화 시나리오를 가지고 할리우드의 문을 두드렸던 '이탈리아산 종마'(영화 〈록키〉에 나오는 주인공의 별명)였다.

영화 〈람보〉는 실베스터 스탤론에게 육체파 배우에서 연기파 배우로 변신할 좋은 기회였다. 하지만 그는 결국 자본의 논리를 따른다. 참고로 영화 〈람보〉는 시사회에서 주인공을 권총 자살로 마무리하려 했으나, 관객들의 심한 반발로 경찰에 체포되는 이야기로 급선회한다.

영화에서 람보는 월남전의 폐해를 부르짖는 외로운 미국시민이었다. 무슨 돈바람이 들었는지 속편에서는 〈람보〉 1편에서 보여준 치열한 자유주의자 람보는 보이지 않는다.

미군 포로를 촬영하라는 상사의 지시로 베트남으로 재진입하는 람보. 그는 미군부대의 배신과 포로의 처참한 현실에 반발하여 다시 기관총을 집어든다. 결과는 람보의 압승. 이 과정에서 수많은 베트남 군인들이 람보의 총알에 사라진다.

1편과는 아무런 사상적 연장선상에 놓여 있지 않은 영화가 〈람보 2〉다. 전쟁의 피해자에서 전쟁영웅으로 변신하는 람보는 전쟁기계 그 이상도 이하도 아니었다. 레이건은 중독지역의 냉전 상황을 보면서 '람보가 필요하다.'라는 발언 하나로 보수주의의 대두다운 면모를 유감없이 보여준다.

힘의 정치를 표방했던 레이건 행정부의 이념을 철저하게 수행했던 영화가 〈람보 2〉다. 실베스터 스탤론은 〈록키〉 시리즈의 내리막길에서 재기의 신호탄으로 영화 〈람보〉를 활용하는 데 성공한다.

영화 〈람보 3〉는 아예 람보의 상사까지 합세하여 아프가니스탄의 우방으로 전쟁을 수행한다. 이제는 적이 되어 버린 아프가니스탄을 미화하는 영화 〈람보 3〉는 미국 패권주의의 이해관계가 어떻게 변해가는지를 보여주고 있다.

람보는 끊임없이 목숨을 건 전투의 중심에서 존재했다. 그는 살인병기이자 독신자이기에 안정보다는 모험을 선택하는 삶으로 위치이동을 한 것일까. 모험에는 책임이 따른다. 책임의 범위가 자기 자신에서 국가로 확대될 때, 모험의 규모는 자연스럽게 커지기 마련이다.

〈람보 4〉에서 주인공은 변함없이 무지막지한 살인기계로 등장한다. 이 영화에서 실베스터 스탤론은 아예 본인이 감독으로 나선다. 뒤로 갈수록 사유적 가치가 떨어지는 것이 블록버스터 시리즈의 한계라지만 정말이지 〈람보 4〉는 나오지 말았어야 하는 졸작 영화였다. 〈람보 2〉, 〈람보 3〉에서 보여주었던 긴박감 넘치는 전투장면도, 등장인물의 카리스마도, 주인공의 연기도 엉망이었기 때문이다.

당신을
생각하면서
낙타의
눈물을
떠올립니다

캐나다 여행 후 아버지와 나의 관계는 평행선을 유지했다. 청소년 시절 겪었던 아버지와 단절의 상처를 떠올리지 않기 위해서였나 보다. 그는 변함없이 어둡고 폐쇄적이지만 내게는 세상에 하나뿐인 아버지라는 사실을 떠올려 본다.

세상에는 풀리지 않는 매듭이 존재한다. 그것이 가족이든, 친구든, 일이든, 자본의 횡포든 간에 대부분 매듭은 풀리지 않은 상태로 호흡한다. 영화 〈람보〉의 두 얼굴 역시 영화사에서 풀리지 않는 매듭으로 남을지, 아니면 그저 그런 액션영화로 남을지 모르겠다. 중요한 것은 〈람보〉 1편에서 보여준 줄거리의 진정성이 아닐까. 아픔은 아픔으로 표현하는 것이 삶이라면 〈람보〉는 배우 스탤론의 작품 중에서 손꼽을 만한 수작이라고 말하고 싶다.

마스터 키튼

강사, 탐정, SAS 교관 출신 돌싱남

만화의 나라, 일본

일본을 상징하는 문화콘텐츠를 생각해 보자. 음식이라면 스시, 스포츠는 유도와 스모를 떠올릴 수 있다. 그렇다면 일본문화를 상징하는 인물은 어떤 이가 있을까.

문학에는 노벨문학상 후보로 언급되는 무라카미 하루키가 있고, 음악에는 피아니스트 겸 작곡가 양방언, 히사이시 조, 클래식 피아니스트 미츠코 우치다, 지휘자로는 오자와 세이지, 영화에는 기타노 다케시와 이와이 슈운지 그리고 오다기리 조 등이 있다. 마지막으로 떠오르는 일본의 강력한 문화콘텐츠는 바로 '만화'다.

군국주의자를 상징하는 데즈카 오사무의 『철완 아톰』, 악마와 인간의 양면성을 만화화한 나가이 고의 『데빌 맨』, 일본 기업만화의 대표작 히로카네 켄지의 『시마 과장』시리즈, 일본보다 한국에서 돌풍을 일으킨 와인 만화 오키모토 슈의 『신의 물방울』, 세계 음식을 소재로 한 만화 하나사키 아키라의 『맛의 달인』, 성인판 서유기인 도리야마 아키라의 『드래곤볼』, 미야자키 하야오의 『하울의 움직이는 성』, SF 만화의 전설인 요코야마 미쯔데루의 『바벨 2세』, 2014년 일본만화 돌풍의 중심에 서 있던 이시야마 하지메의 『진격의 거인』 등을 포함하여 엄청난 작품들이 일본을 만화강국으로 만든 일등공신들이다.

감독 쿠엔틴 타란티노는 일본만화 마니아다. 그는 자신의 영화 〈킬빌〉 1편에서 아예 일본문화를 소재로 영화를 완성한다. 영화에 등장하는 애니메이션과 엔딩장면을 장식하는 벚꽃들, 일본도를 휘두르는 우마 서면, 악당의 기모노 패션까지 쿠엔틴 타란티노는 일본문화에 중독된 자신의 정신세계를 스크린으로 투영한다.

한국도 예외는 아니다. 드라마나 영화로 제작된 일본 만화콘텐츠는 무수히 많다. 드라마 〈베토벤 바이러스〉, 박찬욱 감독의 영화 〈올드보이〉, 1970년대 한국 만화가의 이름으로 월간지에 연재했던 레슬링 만화 〈타이거 마스크〉, 대학로에서 연극으로 완성한 만화 〈심야식당〉 등 일본만화의 쓰나미는 한국 대중문화에 엄청난 영향을 끼쳤고, 지금도 진행 중이다.

일본의 만화산업은 매출액으로만 무려 7조를 넘는, 엄청난 문화적 자원인 동시에 부러움의 대상이다. 하지만 한국 못지않게 집단주의문화가 자리 잡고 있는 일본 내에서 만화산업을 바라보는 시각은 이중적이다.

일본에서 루저라는 의미로 통용되는 오다쿠의 문화이자 소수문화의 상징이 바로 '만화'다. 이들은 문화콘텐츠의 강국으로 통하는 일본의 자원인 동시에 비난거리라는 양면성을 지닌다.

『마스터 키튼』은 누구인가

이번 장에서 소개하는 만화는 한국 만화독자들에게 잘 알려진 우라사와 나오키의 초기작이다. 1960년생인 우라사와 나오키는 메이세이대학교 경제학과를 졸업한 인물이다. 그는 초기작 『NASA』와『댄싱 폴리스 맨』으로 일본 만화시장의 문을 두드린다.

만화가 역시 다른 문화산업 종사자들과 마찬가지로 시장의 흐름을 탄다. 초기작이 대표작으로 알려지면서 더 이상의 결과물을 내놓지 못하거나, 내놓는다 해도 대중들에게 관심을 받지 못하는 경우가 허다하다.

다음으로 데뷔작 수준에서 벗어나지 못하는 고만고만한 작품으로 연명하는 경우가 두 번째다. 마지막은 가장 바람직한 모델로 마지막 작품이 최고작으로 손꼽힐 정도로 발전을 거듭하는 경우인데, 우라사와 나오키의 경우가 세 번째에 속한다는 평이 정설이다.

나는 우라사와 나오키의 대표작인 『몬스터』나 『21세기 소년』의 감동보다는 이전 작품인 『마스터 키튼』을 최고작으로 꼽는다. 이유는 묵시론적인 줄거리가 주를 이루는 그의 후반기 작품에서 만화적인 재미를 느끼지 못했기 때문이다.

스토리텔링에서 비극적인 요소가 작품성 자체를 훼손시키는 부담스러운 존재는 물론 아니다. 하지만 어두운 분위기의 작품일수록 독자들이 숨을 쉴 수 있는 공간을 배려해야만 한다. 그럼에도 한국의 만화애호가들에게는 그의 후반기 작품에 대한 선호도가 높은 것이 사실이다. 이는 결말을 과감하게 생략하거나 희망적인 결말에 집착하는 개인적인 취향이 반영된 부분이 아닌가 싶다.

그렇다면 『마스터 키튼』은 어떤 만화인가. 우선 주인공 키튼에 대한 설명이 필요하다. 그는 여러 가지 직업을 가진 이혼남이다. 키튼의 어머니는 영국인, 아버지는 일본인으로 둘은 키튼처럼 이혼한 사이다. 키튼의 국적은 영국이며 옥스퍼드 대학을 졸업했다. 그는 일본 호도대학의 고고학 강사로 일하고 있으며, 영국 로이드 보험사에 소속된 프리랜서이기도 하다.

그의 이전 직업은 영국 SAS 특공대의 서바이벌 교관으로 포클랜드 사태 발발 시, 참전의 경험이 있다. 만화의 무대는 일본과 유럽이다. 『마스터 키튼』은 두 가지 버전으로 시중에 나왔는데 내가 소장한 시리즈는 제1차 버전으로 총 18권이 발간되었다.

일본만화의 경우, 원작이 히트하면 이를 만화영화나 드라마 등으로 제작하는 경우가 일반적이다.

대표적인 예로 만화 『마징가 제트』, 『노다메 칸타빌레』, 『철인 28호』, 『바벨 2세』, 『은하철도 999』, 『루팡 3세』 등이 있다. 『마스터 키튼』 또한 만화영화로 제작된 콘텐츠다.

인문학을
만화로
승화시키다

만화의 천국답게 일본에는 정말이지 다양한 소재의 만화들이 명함을 내밀고 있다. 대상 연령층도 다양해서 어린이 만화뿐 아니라, 청소년과 성인 그리고 노년층을 대상으로 한 가지각색의 만화들이 두루 포진하고 있다.

『마스터 키튼』의 경우, 미술로 따진다면 빛의 화가로 불렸던 모네 스타일의 인상파 만화가 아닐까 싶다. 주인공 키튼은 자연의 순간적인 풍광을 화폭에 담았던 인상파 화가처럼 위기에 처하면 순간적인 기치를 발휘해서 이를 해결한다.

그의 작품에는 유럽의 역사와 신화가 끊이지 않고 등장한다. 만화의 배경 또한 유럽국가들을 중심으로 펼쳐지고 있어 마치 유럽을 무대로 활약하는 동양인이 주인공으로 활약하는 007 만화를 보는 듯한 착시감에 빠지게 한다.

주인공 키튼의 매력은 이혼남이지만 삶의 그늘이 보이지 않는다는 거다. 그의 시선은 늘 우수에 젖어 있지만 막상 사건이 터지면 열혈 전사로 변신한다. 대학강사로 돌아가 강의에 임할 때면 언제 그랬냐는 듯이 한량의 지식인으로 회귀한다. 주인공처럼 학계에 종사하고 있는 아내에게 이혼을 당하고 자신을 변화시키기 위해서 충동적으로 영국 전투부대에 입대하는 설정 또한 독특하다.

키튼의 두 번째 매력은 무국적성이다. 일본 문학의 무국적성을 대표하는 작가가 무라카미 하루키라면 만화에서는 키튼이 있다. 그는 영국 또는 일본의 이익을 대변하기 위해서 싸우는 여타 첩보원과는 본질을 달리한다. 보험조사원이라는 직업을 가지고 있지만, 그의 행동반경은 철저하게 약자의 편을 향한다. 따라서 독자들은 키튼의 판단과 결정에 대해서 반문을 던지기가 쉽지 않다.

만화에 등장하는 인물들은 역사의 희생양, 역사를 주도했던 사람, 역사의 회오리바람 속에서 자아를 잃거나 되찾는 사람들로 분류된다. 키튼은 무력을 통해서 물질과 권력을 얻으려는 자들과 대치한다.

전투부대 서바이벌 교관 출신답게 무기를 지니지 않고도 기지를 발휘하여 맥가이버처럼 위기를 탈출한다. 그에게는 지형지물, 생활용품, 자연모두가 자신을 방어하거나 적과 대항할 수 있는 무기가 된다. 외유내강. 키튼은 부드러움을 상징하는 동양적 이미지와 강함을 상징하는 서양적 이미지의 중간자적인 존재로 등장한다.

키튼이
원하는
세상

　　　이처럼 키튼의 캐릭터는 현실에서 쉽게 만날 수 없는 다중적인 인물이다. 고고학자로서 키튼의 꿈은 도나우 문명의 흔적을 찾아내는 것이다. 키튼이 일본으로 돌아가면 그를 반겨주는 바람둥이 아버지와 딸을 만날 수 있다.

　가족과의 관계에서 키튼은 주로 상대방의 개성을 스펀지처럼 흡수하는, 마치 호수와 같은 인물로 묘사된다. 고고학 시간강사로서 일본대학에서 강의하는 키튼의 모습은 학자가 지녀야 할 열정보다는 무색무취한 지식인에 가깝다. 마지막으로 보험조사원으로 온갖 죽음의 위협에서 빠져나오는 키튼의 모습은 의욕적이고 진지하다.

　작가 우라사와 나오키는 봉준호 영화감독과의 인터뷰에서 자신은 작품을 진행할 때 '악'에 질질 끌려가지 않기 위해서 분투하는 인물들의 모습에 열중한다고 말하고 있다. 그는 '선'과 '악'이란 당시의 사회 분위기로 무엇이 '선'이고 무엇이 '악'인지 알 수 없게 될 때가 있다고 주장한다.

　따라서 '정의'란 사회 정세에 따라서 바뀌기 때문에 보편적인 '정의'란 단정 짓기 어려운 화두라고 말한다. 따라서 그의 작품에서는 악의 편에 서는 인물들이 어떤 계기로 자신의 정체성을 바꾸는 경우가 빈번하게 등장한다.

『마스터 키튼』 마지막 권에는 1990년대 초반 루마니아를 배경으로 한 사건이 등장한다. 루마니아의 독재자였던 차우셰스쿠 정권에서 숨겨두었다는 50억 달러의 행방을 찾기 위해 모여드는 인물이 나온다.

죽음을 무릅쓰고 마피아 조직으로부터 제코바 마을을 지켜내는 주인공 키튼. 그는 꿈에 그리던 도나우 문명의 발원지가 루마니아 제코바라는 마을이라는 것을 알게 된다.

만화의 마지막 장면은 감동적이다. 주인공은 자신의 두 번째 꿈을 다음과 같은 편지형식으로 딸에게 전하고 있다. 마스터 키튼은 부드러움과 날카로움, 강함과 약함, 냉정과 열정의 모습을 가지런히 가지고 있는 매력적인 인물이다.

"유리코는 건강하니. 아빠는 건강해. 옥스퍼드 유학 준비는 잘 되고 있니. 네가 하는 일이니까 걱정을 하진 않지만 초조해하진 마라. 나의 은사이신 유리 선생님은 인간은 알고자 하는 마음만 있으면 어떤 장소에서도 배울 수 있다고 말했지. 나는 고고학을 배우겠다는 생각으로 엄마와 헤어지고, 우유부단한 자신을 단련하려 군대에 들어가 전쟁을 겪어 봤단다. 그러나 그곳은 내가 있을 곳이 아니었단다. 보험조사원이 되어 여러 나라를 돌아다녀 보았지만, 그 어느 나라도 내가 있을 장소가 아닌 것 같았다.

하지만 드디어 알았단다. 그 모든 것을 걸어왔기에 지금의 내가 있다고. 아빠는 지금 여기에 있단다. 유리코. 네 엄마에게 전해주렴. 제코바는 아름다운 곳이라고. 도나우 강이 흐르는 푸르고 아름다운 곳이라고. 당신에게 이 풍경을 보여주고 싶다고. 이곳에 와달라고. 나는 여기에 있으니까."

그는 유럽과 일본을 무대로 분쟁해결사라는 직업을 위해서 모든 위험을 무릅쓰고 살아온 존재다. 키튼이 원하는 세상은 무엇이었을까. 그는 가정이라는 현대판 가족 이데올로기의 복원을 지향하는 인물이다.

마침내 키튼은 자신이 꿈이었던 도나우 문명의 기원을 찾아냈다. 그리고 그곳에서 깨달았다. 자신이 돌아가야 할 곳은 사랑하는 딸 유리코와 헤어진 아내가 함께 모이는 장소라고.

참고문헌

1. 우라사와 나오키 그림, 『마스터 키튼 시리즈』, 대원씨아이(주), 1996~2000.

2. 김봉석 지음, 『컬처 트렌드를 읽는 즐거움』, 한겨레출판(주), 2006.

3. 마루야마 겐지 지음, 『나는 길들지 않는다』, 김난주 옮김, 바다출판사, 2014.

숀 맥과이어

안녕, 로빈 윌리엄스

영화의 우물에 빠진 날

영화라면 역시 극장에서 팝콘 통을 움켜쥐고 얼음이 들어간 콜라를 벌컥벌컥 들이켜면서 보는 게 최고다. 하지만 이동시간이나 금전적인 면에서 그 많은 영화를 몽땅 극장에서 소화하기는 불가능하다.

게다가 애써 고른 영화가 기대 이하인 경우, 비싼 입장료 때문에 중간에 영화보기를 포기하기가 쉽지 않다. 따라서 극장 방문은 두 달에 한 번

정도, 나머지는 다음의 방법으로 해결하는 형편이다.

30대에는 동네 비디오 가게에서 이틀이 멀다 하고 영화를 빌려 보았다. 지금은 자취를 감춘, 호환 마마보다 무섭다는 복사판 DVD(한 장에 2천 원 정도 했다.)를 수백 장은 구매한 거 같다. 이 정도로는 양이 차지 않았다. 중고장터나 인터넷 음반몰에서 소장용으로 구매한 영화 DVD 정품이 1,000장이 훌쩍 넘는다. 아쉽지만 지갑 사정으로 최고의 화질을 자랑한다는 블루레이 디스크까지는 가지 못했다. 요즘은 케이블 방송에서 방영하는 무료영화관이나 월정액 영화를 보면서 불타는 수집욕구를 애써 자제하고 있다.

좋아하는 영화장르는 나름 다양하다. 대사가 생략된 작가주의 영화, 아무 생각 없이 즐길 수 있는 액션 블록버스터, 기상천외한 괴물이 등장하는 모험영화, 잭 블랙이나 우디 앨런이 등장하는 코미디, 켄 로치 감독의 1990년 이후 영화들, 구스 반 산트 감독의 영화 전부, 역사 소재 영화, 음악 영화, 홍상수 감독의 영화, 외모보다는 연기로 승부하는 무명배우가 나오는 드라마 영화를 선호한다.

집에서 영화를 보면서 식사를 하고, 영화가 시시하면 동시에 책을 읽기도 한다. 영화가 심하게 졸작이면 다른 영화로 대체한다. 아무리 공짜 영화채널이라고 80여 편의 영화를 수도승처럼 소파에 처박혀 전부 볼 필요는 없으니까.

대신 텔레비전 방송은 드라마든 뭐든 주말의 명화 정도를 제외하고는 철저하게 안 본다. 나머지 시간 동안 책을 읽고, 글을 쓰기에도 정신이 없다. 술자리 또한 꼭 필요한 자리 이외에는 과감하게 생략한다. 어차피 만날 놈은 술이 없어도 만나고, 헤어질 놈은 일주일이 멀다 하고 술을 마셔도 안 보기 마련이다.

그가
등장했던
영화들

배우 로빈 윌리엄스가 출연한 영화는 10편 이상을 보았다. 그는 우디 앨런처럼 수다스럽지 않고, 잭 블랙처럼 엉뚱한 동시에 단순하지 않으면서, 짐 캐리처럼 표정 연기로 승부하려 들지도 않는다. 코믹한 연기를 시도하지만 그렇다고 자신의 세계를 쉽게 관객들에게 드러내려 하지도 않는다. 그런 오묘함이 배우 로빈 윌리엄스가 가진 매력이다.

그의 영화는 범작과 수작, 졸작이 공평하게 섞여 있다. 영화를 보다가 지루해서 포기한 영화도 몇 개가 있다. 아무리 영화에서 배우가 차지하는 비중이 높다 해도 완성도가 떨어지면 끝이다. 어쨌거나 로빈 윌리엄스는 내게는 참 괜찮은 배우였다.

그가 출연했던 영화 중에서 〈죽은 시인의 사회〉, 〈굿모닝 베트남〉, 〈굿 윌 헌팅〉을 권하고 싶다. 〈죽은 시인의 사회〉는 나와 로빈 윌리엄스가 스크린에서 처음으로 만났던 영화다.

허무주의에 경도되어 패배의식과 몽상에 절어 살던 고등학교 1학년 가을에 〈죽은 시인의 사회〉를 관람했다. 극장은 지금은 사라진, 4호선 숙대입구역 근처의 성남극장이었다. 진정한 교육이 무엇인지, 우리에게 필요한 스승은 어떤 사람인지를 가르쳐준 소중한 영화였다. 욕심 같아서는 키튼 선생님이 학교를 떠나지 않았으면 하는 아쉬움이 있다. 참고로 나는 해피 엔드를 암시하거나, 결론을 내리지 않는, 조금은 싱거운 영화를 좋아한다.

영화 〈굿모닝 베트남〉의 무대는 제목 그대로 1965년 베트남 사이공이다. 주인공 로빈 윌리엄스는 베트남에 파견된 미군 부대 음악방송 라디오 DJ로 등장한다. 이 영화의 백미는 음악이다. 겉으로는 평화롭게 보이지만 지옥도와 다를 바 없는 베트남의 현실을 지나치게 낭만적으로 묘사했다는 점은 미국자본이 투입된 할리우드 스타일 영화의 한계다.

영화의 하이라이트는 베트남의 이런저런 풍광을 보여 주면서 루이 암스트롱의 곡 〈What a Wonderful World〉가 흘러나올 때다. 이 순간만큼은 전쟁도, 적군과 아군도, 이데올로기도, 미국이라는 패권주의 국가도 잊은 채로 지그시 눈을 감고 싶은 기분이 든다.

마지막으로 소개하는 영화는 로빈 윌리엄스가 심리학 교수인 숀 맥과이어로 등장하는 영화 〈굿 윌 헌팅〉이다. 이 영화로 로빈 윌리엄스는 제70회 아카데미 남우조연상을, 벤 에플렉과 맷 데이먼은 나란히 제55회 골든 글로브 각본상을, 맷 데이먼은 제3회 크리틱스 초이스 유망주상을 수상한다.

맷 데이먼과 그의 실제 친구인 벤 애플랙이 등장하는 이 영화는 어린 시절 부모로부터 받은 상처로 폭력적인 성향을 띈 천재 헌팅(맷 데이먼 역)의 이야기다. 얼핏 보면 헌팅 역시 선택받은 극소수의 행운아 중의 하나라고 볼 수 있다. 보스턴 남부 지역의 빈민가에서 생활하면서 MIT 공대에서 청소부 일을 하는 헌팅. 우연히 그에게서 천재적인 수학능력이 있다는 사실을 알게 된 랭보 교수.

랭보는 반항적인 기질을 가진 헌팅을 학문적으로 활용하기 위해서는 무엇보다도 그의 과거 상처에 대한 치유가 우선이라고 생각한다. 이 시점에서 랭보의 친구이자 심리학자인 로빈 윌리엄스가 등장한다.

그는 헌팅과의 소통에 실패하는 다른 심리학자와 달리, 상처받는 것이 두려워 대인관계에서 자신을 방어하기에 급급한 헌팅의 자아 속으로 조금씩 접근한다.

숀 맥과이어 교수는 지병으로 세상을 떠난 아내를 잊지 못하는 순정남이다. 그 역시 헌팅처럼 과거에 함몰되어 사는 처지다. 숀 맥과이어는 치료보다는 공감이 헌팅과의 거리를 좁힐 수 있는 방식이라고 깨닫는다.

암기력이 뛰어나고 수학 해결능력이 상상을 초월하는 헌팅에게 머리가 아닌 가슴으로 생을 사는 방법을 가르쳐 주는 숀 맥과이어. 헌팅은 숀 맥과이어의 도움으로 자신의 상처와 이별하고 사랑을 찾아 굴곡진 과거의 잔해가 남아 있는 남부 보스턴을 떠난다.

어느
희극배우의
죽음

영화 〈굿 윌 헌팅〉에서 숀 맥과이어 교수로 열연했던 배우 로빈 윌리엄스가 세상을 떠났다. 2013년 여름이었다. 영화에서 등장하는 숀 맥과이어 교수는 절대로 자신의 삶을 쉽게 내팽개칠 만한 인물이 아니었다. 오히려 상처받은 이들을 온기 넘치는 마음으로 치유해주고, 누군가를 진심으로 사랑할 수 있는, 건강한 아웃사이더였다.

〈굿 윌 헌팅〉에서 숀 맥과이어는 아내와 사별한 독신자로 등장한다. 그는 아내의 돌연사가 아니었다면 절대 독신자의 삶을 살지 않았을 인물이다. 그에게 독신자의 삶이란 세상을 떠난 아내와의 추억 속에 잠기는 철저한 과거 지향주의적인 삶이다. 숀 맥과이어와 헌팅은 모두 과거형 인간에 속한다.

과거형 인간의 특징이란 무엇일까. 그들에게 현재란 과거와 철저하게 분리된 평범하거나 보잘것없는 일상일 뿐이다. 그들에게 미래란 과거의 틀에서만 확장 가능한 뫼비우스의 공간이다. 그들에게 과거란 현재와 미래를 버티게 해주는 뿌리이자 에너지원이다.

과거에 함몰된 인간은 현실의 삶을 철저하게 냉각시킨다. 얼음처럼 차가워진 이성과 감성으로 자신이 그리는 추억의 복사판을 만들기란 쉽지 않다. 아니, 불가능에 가깝다. 그들은 철저하게 현재를 부정하고 미래를 냉소한다.

생각해보면 나 역시 30대 후반에 이르기까지 철저하게 과거형 인간으로 존재했다. 어떤 현실도 나의 아름답고 빛나는 20대를 대체할 수 없다는 거리 두기의 연속이었다. 좋아하는 음악감상이나 문학, 글쓰기 역시 과거를 추억하기 위한 수단일 뿐이었다. 늘 과거 속에서 현재를 살고, 늘 과거보다 못한 미래를 부정하는 그늘진 30대 직장인이었다.

과거형 인간이나 현재형 인간이나 아니면 미래형 인간이나 모두 소중한 존재다. 중요한 것은 과거 속에 파묻혀 허우적거리는 인간을 있는 그대로 소화해낼 수 있는 친구들이 많지 않다는 거다. 그러기에는 친구들 앞에 놓인 미래를 체념과 회한이라는 무덤 속으로 보내야만 한다.

독신남 숀 맥과이어는 과거형 인간으로 사는 것만이 죽은 아내와의 사랑을 이어갈 수 있는 최선의 선택이라고 믿는다. 그는 비자발적인 헤어짐을 통한 자발적 독신주의자의 굴레에 속한 인물이다.

미래형 인간으로 변신하다

기회는 40대 초반에 찾아왔다. 살면서 수많은 현실주의자를 만났지만 애써 그들을 부정하고 회피했다. 이유는 그들에게서 풍기는 메가톤급 속물근성과 물질만능주의적 사고 때문이었다. 사람보다 다른 가치가 앞서는 세상은 플라스틱 같은 공간에 불과하다.

　대학원 시절, 24시간을 미래에 대한 구상과 준비로 사는 선배를 알게 되었다. 그는 늘 자신이 설계하고 꿈꾸는 미래를 언급했고, 그럴 때마다 그의 표정은 무엇인가에 깊이 도취한 듯한, 일종의 황홀경에 빠진 모습이었다. 그를 만나기 전까지 내게 미래란 현실주의자의 또 다른 모습일 뿐이었다.

　하루아침에 변신에 성공하는 사람은 코믹영화 정도를 제외하고는 쉽게 등장하지 않는다. 그만큼 시간과 실패의 경험이 축적되어야만 가능한 존재다. 도대체 내 능력이 어디까지인지, 무엇을 해야 하는지, 그 무엇을 하기 위해서 무엇을 준비해야 하는지, 그러기까지 얼마나 많은 시간을 준비해야 하는지, 그 과정에서 어떤 변화가 나를 좌절시킬지 불안했다. 용기를 내 보았다. 미로 같은 불안과 고독의 소용돌이 속에서 조금씩 앞으로 나갔다.

　우선 과거에 대한 인식의 비중을 조금씩 줄여 가면서 미래를 준비하는데 시간을 투입했다. 그 과정을 지켜보던 지인들의 냉소도 나의 변화를 막을 수 없었다. 무엇보다 새로운 미래가 간절했다. 내가 정말 잘할 수 있는 일이 무엇인지, 만일 그것이 내가 정말 좋아하고 죽는 날까지 지속하고 싶은 것이라면 마다할 이유가 없었다.

　변화에는 장애물이 등장하기 마련이다. 이 부분만큼은 영화나 인생이나 다르지 않다. 대가를 치러야 했다. 미래를 위해서 살아가는 나를 이해하지 못하는 이들이 독버섯처럼 늘어갔다. 만날 시간이 모자라서 인연이

끊어진 예도 있었다. 아무리 시간을 쪼개 쓴다 해도 부족한 일상 때문에 조급증을 달고 살아야 했다. 하지만 이에 연연하지 않았다. 아니, 그럴 만한 여유 자체가 없었다. 이제 겨우 미래로 가는 첫 번째 관문을 통과한 형편이었다.

영화 〈굿 윌 헌팅〉의 마지막 장면으로 가 보자. 헌팅은 자신의 미래를 찾아서 캘리포니아로 떠난다. 그곳 캠퍼스에는 사랑하는 여인이 살고 있다. 그렇다면 헌팅의 친구이자 멘토였던 숀 맥과이어는 어떻게 되었을까. 그 또한 새로운 사랑을 찾아서 여행을 떠난다. 헌팅을 치료하면서 자신을 치유해버린 숀 맥과이어.

세상에 상처가 없는 사람은 없다. 누구라도 쓰라린 구석이 존재하며, 그 형태를 매일 변형할 뿐이다. 과거형 인간 숀 맥과이어는 어디로 가는 것일까. 다시 과거형 인간으로 회귀할 수도, 현재형 인간으로 머무를 수도, 미래형 인간으로 변할 수도, 이것도 저것도 아닌 삶을 살 수도 있다. 하지만 그에게는 새로운 사랑의 기회가 남아 있다. 그 기회를 통해서 숀 맥과이어는 건강하고 신선한 삶의 필연을 만들 것이다.

참고문헌

1. 『굿 윌 헌팅』, 이일범 옮김 및 해설, 스크린 영어사, 2008.

자유로운 영혼을 위하여

여기는 홍대의 또 다른 음악카페. 천장에 매달린 자그마한 검정색 스피커에서 아일랜드 그룹 '유투(U2)'의 곡 〈원(One)〉이 휴대폰 진동음처럼 단단하게 흘러나온다. 오늘따라 버드와이저 맥주의 향이 달콤하다. 한 시간 전만 해도 나는 대학원 모임 자리에 시곗바늘처럼 앉아 있었다. 직장에 다니면서 몸담았던 대학원을 졸업한 지도 3년이 흘렀다. 대학원 입학 당시 절반에 가까운 학생들이 독신자였다. 당시 내가 속했던 대학원 친구들 4인방은 모두가 자유로운 영혼들이었다. 졸업 이후 나를 제외하고는 여전히 독신의 삶을 영위하고 있다. 이제는 내가 그들 세계의 이방인이 되어 버린 셈이다. 그럼에도 변함없이 나를 대해주는 그들의 마음 씀씀이가 고마울 따름이다.

독신이라는 삶의 맞은편에는 결혼이라는 가족 이데올로기가 존재한다. 우리나라의 결혼 역사는 어떤 모습이었을까. 조금 멀리 가보자. 고구려 시대의 혼인은 서류부가혼제였다. 결혼하면 남편이 신부가 살던 집에서 노동력을 제공했다. 그 후 자식을 낳으면 신부가 남편의 집으로 들어가는 구조였다. 이는 신랑 측에서 신부를 얻기 위해서 경제적 보상을 치러야만 결혼이 가능한 풍습임을 의미한다.

다음은 조선시대의 결혼제도다. 이 시대의 결혼은 양반은 양반끼리 결합함으로써 권력을 독점하려 했다. 이는 지금도 일부 권력층과 경제인들 사이에서 이루어지는 정략결혼을 통해서 확인할 수 있다. 권력층 간의 결혼은 집안 대 집안의 결합뿐만 아니라, 정치경제적인 의미가 내포되어 있다. 부자는 부자와 가난한 자는 가난한 자와 결혼을 하고, 부자들은 권력을 강화하고 독점하는 형태를 결혼제도를 통해서 유지했다.

마지막으로 오늘날의 결혼은 사회적 혼인, 생물학적 혼인, 법제적 혼인으로 나눌 수 있다. 사회적 혼인이란 집안 간의 결합을 말한다. 생물학적 혼인이란 두 사람이 성관계를 할 수 있다는 것이며, 법제적 혼인은 서류상으로 결혼을 공인하는 행위다.

독신과 결혼 사이에는 동거라는 또 다른 사회형태가 존재한다. 서두에서 언급했듯이, 프랑스에서는 동거라는 제도가 결혼처럼 합법화된 사회의 일부분으로 존재한다. 그렇다면 미래의 사회는 어떤 형태로 펼쳐질까. 아마도 결혼제도는 사회를 이루는 종속변수로 축소될 것이라는 게 필자의 생각이다.

한편 OECD 국가 중에서 이혼율 1위를 기록하고 있는 우리나라의 경우, 결혼제도에 대한 문화적인 변화가 시급한 상황이다. 한국은 이미 2000년도 초반 무렵에 프랑스의 이혼율을 추월했다. 이러한 공동화 현상과 함께 우리나라에서도 독신문화가 서서히 자리 잡기 시작했다.

독신자들에게는 시간이라는 엄청난 미래자산이 담보되어 있다. 가족에게 의무적으로 할당해야 하는 시간을 자신을 위해서 투자할 수 있는 셈이다. 특히 예술가들에게 있어 시간은 더욱 많은 창조물을 양산해낼 수 있는 보증수표다. 또한, 여유시간을 통해서 사유와 통찰을 끌어낼 수 있는 장점이 존재한다. 결국, 독신자에게 주어진 기회요소들은 고스란히 사회에 재생산되는 순환관계를 이룬다고 말할 수 있다. 현대사회에서 독신문화는 결혼 이데올로기에 사로잡힌 사회적 고정관념을 깨뜨릴 수 있는 대안이자 활력소다.

이 책에서 소개하는 독신자들은 크게 세 부류로 분류되어 있다. 첫 번째는 세계의 독신자들, 두 번째로 한국의 독신자들 그리고 현실에 존재하지 않는 만들어진 독신자들이다. 인물설정은 세계문화에 큰 획을 그은 이들을 선택해 보았다. 왜 그들이 가시적인 결과물을 만들어 냈는지는 독자마다 다양한 해석을 내릴 수 있다. 따라서 책에 등장하는 독신자들에 대한 기호나 호불호는 순수하게 독자들의 몫으로 남겨 놓았다.

영원한 독신의 삶도, 결혼의 삶도 세상에는 존재하지 않는다. 어쩌면 우리는 정신적으로 독신의 삶을 살아가고 있는 것인지도 모른다. 그 간극을 좁히기 위해서 결혼을 하고, 모임에 나가고, 친구를 만드는 것인지도 모른다.

인간이란 생각하는 만큼 합리적인 존재가 아니다. 우리는 늘 무의식 속에 자리 잡고 있는 외로움과 대면한다. 귀찮고 번거롭지만, 반드시 거쳐야만 하는 인생의 동반자가 바로 외로움이다. 이를 회피한다면 삶을 주도적으로 그려 나갈 수 있는 기회를 스스로 박탈하는 것이다. 마주할 것인가, 회피할 것인가. 결론은 독신자의 마음으로 세상을 살아가야 하는 독자들의 심장 속에 존재할 것이다.

문화중독자 이봉호

이 책을 읽을
당신과 함께
하고 싶습니다!

'[레터신청]' 제목만 적어 이메일을 보내주시면 등록 완료됩니다.
도서 PDF 또는 EPUB 파일(샘플 또는 전부),
최신소식, 이벤트 및 강연 정보를
받아보실 수 있습니다.

뉴스레터 신청
stickbond@naver.com
모니터링요원 모집

도서 모니터링 요원을 수시로 모십니다.
출간 전후의 원고(또는 도서)를 읽고 의견 주실 분을 모집합니다.
'[모니터링신청]' 제목만 적어 이메일을 보내주시면 접수 완료됩니다.
1 도서관심분야, 2 신청이유, 3 나이, 4 성별, 5 직업, 6 취미, 7 연락처 등을 함께 보내주시면
최종 선정 시 우선순위 혜택을 줍니다.

이 책을 읽은
당신과 함께
하고 싶습니다!